短视频文案、口播与脚本创作 从入门到精通

福斯特◎编著

化学工业出版社

·北京·

内 容 简 介

本书分为四篇，通过大量案例来讲解短视频脚本创作、文案编写与口播的方法，并结合实践演练帮助读者增强短视频创作的能力。

【脚本篇】：第1、2章详细介绍脚本的理论知识，包括脚本大纲和脚本创作等内容，让读者对脚本有大致的认识和了解。

【文案篇】：第3~5章介绍了文案基础、标题文案和爆款文案等内容，为读者提供写作基础文案到打造爆款文案的实用技巧。

【口播篇】：第6~8章围绕口播视频的理论知识、台词创作、后期剪辑进行了介绍，让读者了解并学会制作口播视频。

【专题篇】：第9~14章围绕Vlog视频、情景短剧、达人探店、好物分享、主图视频、旅行打卡等不同类型的口播视频进行实操性技巧介绍，并且每种类型的口播视频都是一个完整的案例，可以帮助读者建立起创作完整的口播视频的思维，并提供多种制作模板供读者参考。

本书旨在帮助短视频文案编辑、运营人员、创业人员和关注短视频的人员快速提高脚本和文案创作能力，不仅适合作为从事短视频或视频影像工作的相关人员的参考书，同时也适合作为高校相关专业短视频制作课程的教材。

图书在版编目（CIP）数据

短视频文案、口播与脚本创作从入门到精通 / 福斯
特编著 . —北京：化学工业出版社，2024.4
ISBN 978-7-122-45219-1

Ⅰ . ①短… Ⅱ . ①福… Ⅲ . ①网络营销—营销策划
Ⅳ . ① F713.365.2

中国国家版本馆 CIP 数据核字（2024）第 052696 号

责任编辑：张素芳　李　辰　　　　　　　封面设计：异一设计
责任校对：宋　夏　　　　　　　　　　　　装帧设计：盟诺文化

出版发行：化学工业出版社　　（北京市东城区青年湖南街13号　邮政编码100011）
印　　装：天津裕同印刷有限公司
710mm×1000mm　1/16　印张13½　字数300千字　2024年6月北京第1版第1次印刷

购书咨询：010-64518888　　　　　　　　售后服务：010-64518899
网　　址：http://www.cip.com.cn
凡购买本书，如有缺损质量问题，本社销售中心负责调换。

定　　价：78.00元　　　　　　　　　　　　　　版权所有　违者必究

前 言

PREFACE

在短视频领域，口播视频是分布最广、制作门槛最低的一种视频形式。通常情况下，口播视频只需要一部手机、一个人、一个话题就能制作完成。但也正因为制作口播视频很简单，口播视频的竞争会相对激烈一些。

对于口播短视频创作者来说，要想让制作好的口播视频获得热门关注、实现收益，还需要系统地学习一些制作口播视频的脚本创作、文案编写及后期剪辑技巧。

本书围绕口播视频制作的相关技巧进行编写。书中从短视频脚本、文案与口播制作的理论和技术等方面，采用理论与实践结合、图片与文字对照的编写方式，通过大量案例来讲解短视频脚本创作、文案编写与口播的方法，并结合实践演练帮助读者增强短视频创作的能力。

全书分为四大板块、14个章节来详细介绍口播短视频制作从前期准备到后期剪辑的技巧，具体介绍如下。

（1）脚本篇：具体内容包括认识脚本大纲和脚本创作，以理论知识和方法传授的方式，让大家学会创作口播短视频脚本。

（2）文案篇：具体内容包括文案基础、标题文案和爆款文案3个知识点，以讲解理论和举例分析的方式，循序渐进地让大家学会撰写文案和打造爆款文案的技巧。

（3）口播篇：具体内容是以一个完整的口播视频为例，来详细介绍什么是口播视频、如何创作口播视频的台词，以及口播视频的拍摄与后期剪辑，让大家能够建立口播视频制作的思维，并学习相应的制作技巧。

（4）专题篇：具体内容为综合前面所学的理论知识和方法，介绍了Vlog视频、情景短剧、达人探店、好物分享、主图视频、旅行打卡6种类型的口播视频制作方法，让大家掌握不同口播视频的玩法，从而制作出专属于自己的风格独特的口播视频。

本书还有以下两大特色。

（1）提供实用方法。书中重点围绕口播视频来提供脚本创作与文案编写的实用方法，以一个方法接一个案例的方式，让读者深入浅出地掌握书中知识。

（2）多种解决方案。书中将6种常见的口播视频分为六大专题，来详细地介绍不同类型的口播视频如何创作脚本和编写文案，以及后期剪辑技巧，让读者有选择性、针对性地学习。

除此之外，书中所涉及的不同专题口播视频都附赠有教程和素材，方便读者们学以致用，并真正地习得技能。相信读者在认真学习和实战之后，都能有所收获！

特别提示：本书是基于当前各软件所截的实际操作图片进行编写，由于本书从编辑到出版需要一段时间，在这段时间里，软件界面与功能会有调整与变化，如有的内容删除了，有的内容增加了，这是软件开发商所做的软件更新，请读者在阅读时，根据书中的思路举一反三，进行学习。

本书由福斯特编著，为本书提供帮助的还有朱霞芳、向小红、邓陆英、刘芳芳、宾紫嫣等人，在此表示感谢。由于作者知识水平有限，书中难免有疏漏之处，恳请广大读者批评、指正，联系微信：2633228153。

编著者

目 录

CONTENTS

【脚本篇】

【文案篇】

【口播篇】

第6章 口播视频：让内容打动人心

【脚本篇】

第1章

脚本大纲：
视频的拍摄依据

　　当我们想要拍摄一个视频时，往往会在脑海中形成一个大致的构思，然后用脚本把构思的细节呈现出来，最后再对照脚本进行拍摄。脚本是视频拍摄的依据，能够指导我们顺利完成视频拍摄并提高视频拍摄的效率。本章将介绍脚本的相关知识。

1.1 脚本的基础知识

脚本是短视频拍摄的指示性文件，记录着短视频如何拍摄、剪辑的细节，是短视频的核心所在。脚本之于短视频拍摄，如同设计草图之于房屋建筑，都起着至关重要的统领作用。因此，短视频创作者在制作拍摄短视频时，必须学习脚本的相关内容。本节将带领大家认识短视频脚本，包括脚本的概念、类型和作用。

1.1.1 概念

短视频脚本是拍摄者拍摄短视频的主要依据，能够提前统筹安排好短视频拍摄过程中的所有事项，如什么时候拍、用什么设备拍、拍什么背景、拍谁，以及怎么拍等。

严格意义上来说，拟定一个短视频脚本并非所有短视频拍摄都必需的，但更有价值的、耐人寻味的短视频内容必然是以短视频脚本为指导的。因此，短视频创作者如果想让自己的短视频更有价值、能够获得更多人的喜爱，就需要创作一个短视频脚本，让自己的一切短视频拍摄活动都服从于脚本。

1.1.2 类型

通常情况下，短视频脚本有3种类型，如图1-1所示。

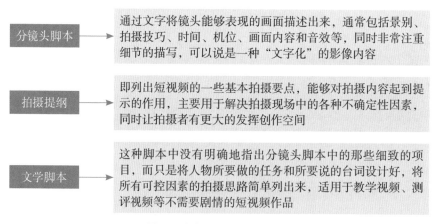

图 1-1　短视频脚本的 3 种类型

总结一下，分镜头脚本适用于剧情类的短视频内容，拍摄提纲适用于访谈类或资讯类的短视频内容，文学脚本则适用于没有剧情的短视频内容。

1.1.3 作用

脚本对于短视频拍摄来说十分重要，无论拍摄视频的长短如何，都需要脚本。具体而言，脚本在短视频运镜的拍摄中发挥了以下几个作用。

1. 确定拍摄方向

脚本为视频拍摄提供了一个框架和云图，影响着故事的发展方向。当剧本确定好情节、人物、地点、道具和结局之后，故事就能有条理地展开，无论是在拍摄还是剪辑，都不会"迷路"，确保故事的完整性。

2. 提高拍摄效率

有了运镜脚本，就等于写文章有了目录大纲，建房子有了设计图纸和框架，相关人员可以根据这个脚本来一步步地完成镜头的拍摄，拍摄效率更高。如果没有拍摄脚本，也许拍摄者在拍摄现场会迷失很久，需要探索一段时间，拍摄出来的素材也有可能不是理想的素材，甚至会缺失素材，后面还需要再次到现场补录，这样就非常浪费人力、时间，甚至金钱。

3. 提升拍摄质量

在运镜脚本中可以对画面进行精雕细琢的打磨，如景别的选取、场景的布置、服装的准备、台词的设计，以及人物表情的刻画等，再加上后期剪辑的配合，能够呈现出更完美的视频画面效果。

4. 指导后期剪辑

在剪辑时，也离不开脚本，运镜脚本可以指导剪辑的剧情安排。例如，一个故事感视频分镜头脚本的视频画面，其中每段视频画面都对应着相应的脚本内容，说明剪辑师在剪辑这段视频时，主要依据脚本故事进行后期创作。所以，脚本也发挥着指导后期剪辑的作用。

1.2 脚本的基本元素

一个完整的短视频脚本包括镜头序号、拍摄地点、景别、构图角度、运镜、画面内容、口播台词、字幕文案、音乐或音效、道具、后期剪辑等元素。短视频创作者可以通过掌握这些基本元素来撰写脚本。本节将详细介绍这些内容。

1.2.1 镜头序号

镜头序号简称镜号，是指短视频的拍摄序号，一般是按照故事发展的顺序对所要拍摄的视频进行编号。

虽然短视频的时间相对较短，但有时也需要多个视频组合来呈现丰富的内容，此时，镜号的重要性就凸显出来了，它可以使短视频创作者不容易遗漏需要拍摄的镜头。而且，在剪辑短视频时，按照镜号剪辑视频有助于提高工作效率。

1.2.2 拍摄地点

拍摄地点是指短视频拍摄的位置。在构思脚本时，短视频创作者需要事先想好大概在哪里拍摄，因为不同类型的短视频有不同的拍摄地点要求。

例如，短视频创作者打算拍摄一个关于探店的视频，那么其拍摄地点则需要考虑某一个店铺，具体需要思考选择一个什么类型的店、店内的哪些位置可以拍摄等。

1.2.3 景别

景别是指被摄对象在画面中的大小和范围，通过变换景别可以调整构图。一般情况下，景别可以根据画框中所截取的人或物的大小划分为远景、全景、中景、近景和特写，不同的景别呈现出不同的特征，具体说明如下。

（1）远景：呈现出空间范围大、视觉广阔的画面，一般用作展现广阔的空间或者壮丽的风光。

（2）全景：通常用作呈现人或物的整体风貌。全景兼具叙事和描写的功能，可以用作场景的介绍，如在实际的拍摄中，会采用全景画面来介绍事件发生或人物所处的环境。全景画面具有以下几个优势，如图1-2所示。

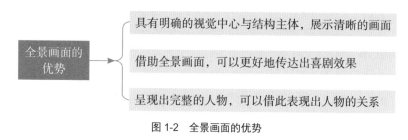

图 1-2 全景画面的优势

（3）中景：拍摄出人或物的局部，具有中性、客观的特征，适于纪实类短视频的拍摄。

（4）近景：以人物为例，近景是指拍摄出人物胸部以上部分的镜头。在近景拍摄中，人物会占据画幅面积的一半以上，适用于刻画人物的内心活动。

（5）特写：拍摄出人物肩部以上或放大被摄对象细节的镜头。特写是表现悲剧时常用的拍摄手法，具有以下几个作用，如图1-3所示。

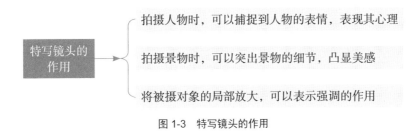

图1-3　特写镜头的作用

短视频创作者在创作脚本时，事先确定好使用什么样的景别拍摄什么样的画面，可以极大地节省拍摄视频的时间。

1.2.4　构图角度

构图角度是指短视频拍摄者呈现画面的不同立场或所处的不同方位，包含以下几种角度，如图1-4所示。

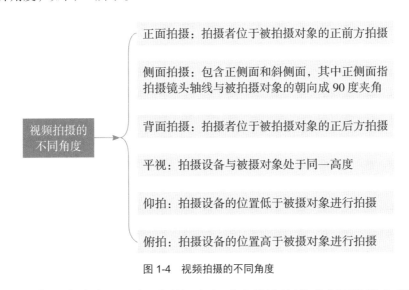

图1-4　视频拍摄的不同角度

不同的构图角度会呈现出不同的画面，如短视频创作者想要拍摄出事物的渺小，可以采用俯拍，从高处往下拍摄。使用什么样的构图角度由短视频创作者想要拍摄出怎样的画面决定，而拍摄工作以脚本为导向，因此短视频创作者需要在脚本创作中事先规划好构图角度。

1.2.5 运镜

运动镜头简称运镜，是指在拍摄的同时不断调整镜头的位置和角度，也可以称之为移动镜头。因此，在拍摄形式上，运动镜头要比固定不变的镜头更加多样化。常见的运镜有以下几种。

（1）跟随运镜：即镜头一直跟随拍摄对象的运动而运动，拍摄期间镜头始终与拍摄对象的运动保持一致。

（2）推拉运镜：是指将手机固定在滑轨和稳定器上，并通过推近或拉远镜头来调整镜头与拍摄物体之间的距离，镜头将由远及近或由近及远地运动。

（3）摇移运镜：是指从左向右移动镜头来进行拍摄。

（4）升降运镜：是指镜头从上往下或从下往上进行拍摄。

1.2.6 画面内容

画面内容是指短视频创作者想要通过短视频表达的东西，可以将内容拆分成一个个小片段，放到不同的镜头里面，通过不同的场景方式将其呈现出来。例如，故事类的短视频其画面内容多数是展现故事开端、发展、高潮和结局的镜头片段。

画面内容是脚本创作的核心元素，往往包含着短视频所要表达的核心观点。

1.2.7 口播台词

口播台词是指短视频中进行的图像播报声音和话语，既可以是画面中人物表达的话语，也可以是人物在画面外对内容进行解说的话语。

一般来说，口播台词主要是指人说话的声音和话语，不包括音乐和音效，多出现于新闻报道和电视电影中。随着短视频越来越受欢迎，口播台词在短视频中也屡见不鲜，利用它可以丰富画面内容，提高视频的吸引力。因为口播台词事关人物的口头表达，因此为了避免表达有误，短视频创作者有必要在脚本中进行事先设计。

1.2.8 字幕文案

如果说口播台词是关于声音的艺术，那么字幕文案则是关于视觉的艺术。字幕文案是口播台词的视觉呈现，能够将人物所说的话语用文字表现出来，以弥补声音传递时间短的不足。

当然，字幕文案不限于呈现口播台词，还包括对画面的注解，如画面中出现了一个新地点或一个新人物，字幕可以将其地点名或人名呈现出来。短视频创作者在脚本创作时需要对字幕文案的内容、放置位置、文字处理等进行设计。

1.2.9 音乐或音效

短视频中的音乐或音效是一种可以烘托画面气氛、渲染画面效果、使画面更具有吸引力的"调和剂"，其在短视频中起着锦上添花的作用。

当然，音乐或音效能够有效地发挥这一作用，需要短视频创作者选择与画面相匹配的音乐，如短视频中出现的画面是"风吹草低见牛羊"，其选择的音乐就应该是舒缓的，渲染画面中轻松的氛围；再如短视频中画面提示"打雷了"，则可以选择打雷声的音效，带给受众更加丰富的观看体验。

1.2.10 道具

道具是设想短视频拍摄中可能需要用到的物品，包括人物的服装、饰品、拍摄设备等。短视频创作者在创作脚本时，可以适当地说明哪一个场景需要用到哪个道具，以做足准备。

1.2.11 后期剪辑

后期剪辑是对已经拍摄好的短视频进行加工处理的方式。通常情况下，短视频创作者会在脚本中事先想好需要进行哪些剪辑处理，以便做好剪辑准备和拍摄指导。

后期剪辑的目的是将短视频修剪、润色成更具有美感的视频，大致分为粗剪和精剪。粗剪主要是对短视频进行排序、归类、删除多余部分等简单的处理；精剪则会对短视频进行调色、添加音乐或音效、添加贴纸或艺术字等特效处理。一般来说，对短视频进行粗剪或精剪没有特定的标准，取决于短视频创作者想要表达的视频效果。

1.3 脚本的拍摄知识

大多数情况下，脚本主要用于指导短视频拍摄，在短视频剪辑中起到的作用微乎其微。因此，短视频创作者在创作脚本时需要了解一些拍摄知识，包括视频转场、多机位拍摄、起幅与落幅、镜头长度和镜头节奏等。本节将具体介绍这些内容。

1.3.1 视频转场

视频转场包括无技巧转场和有技巧转场两种，具体介绍如下。

1. 无技巧转场

无技巧转场是通过一种十分自然的镜头过渡方式来连接两个场景的，整个过渡过程看上去非常合乎情理，能够起到承上启下的作用。

常用的无技巧转场方式有两极镜头转场、同景别转场、特写转场、声音转场、空镜头转场、封挡镜头转场、相似体转场、地点转场、运动镜头转场、同一主体转场、主观镜头转场和逻辑因素转场等。

例如，空镜头（又称"景物镜头"）转场是指画面中只有景物、没有人物的镜头，具有非常明显的间隔效果，不仅可以渲染气氛、抒发感情、推进故事情节和刻画人物的心理状态，而且还能够交代时间、地点和季节的变化等。图1-5所示为一个用于描述环境的空镜头。

图1-5 一个用于描述环境的空镜头

2. 技巧转场

技巧转场是指通过后期剪辑软件在两个片段中间添加转场特效，来实现场景的转换。常用的技巧转场方式有淡入淡出、缓淡-减慢、闪白-加快、划像（二维动画）、翻转（三维动画）、叠化、遮罩、幻灯片、特效、运镜、模糊、多画屏分割等。

1.3.2 多机位拍摄

多机位拍摄是指使用多个拍摄设备，从不同的角度和方位拍摄同一场景，适合规模宏大或者角色较多的拍摄场景，如访谈类、杂志类、演示类、谈话类及综艺类等短视频类型。图1-6所示为一种谈话类视频的多机位设置图。

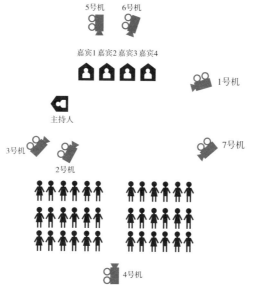

图 1-6　谈话类视频的多机位设置图

1.3.3　起幅与落幅

起幅与落幅是拍摄运动镜头时非常重要的两个术语，在后期制作中可以发挥很大的作用，相关介绍如图1-7所示。

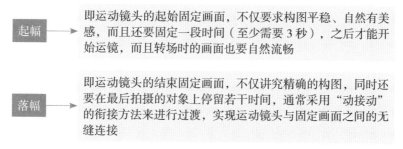

| 起幅 | 即运动镜头的起始固定画面，不仅要求构图平稳、自然有美感，而且还要固定一段时间（至少需要3秒），之后才能开始运镜，而且转场时的画面也要自然流畅 |
| 落幅 | 即运动镜头的结束固定画面，不仅讲究精确的构图，同时还要在最后拍摄的对象上停留若干时间，通常采用"动接动"的衔接方法来进行过渡，实现运动镜头与固定画面之间的无缝连接 |

图 1-7　起幅与落幅的相关介绍

"起幅"与"落幅"的固定画面可以用来强调短视频中想要重点表达的对象或主题，而且还可以单独作为固定镜头使用。

1.3.4　镜头长度

镜头长度是指视频的播放时长。镜头的长短影响着视频内容的表达，因此在脚本创作时，短视频创作者应先确定好每一个镜头的长度，并按照内容、情绪、节奏等进行组接，以准确地表达出视频的内容。一般来说，影响镜头长度确定的因素有以下几个，如图1-8所示。

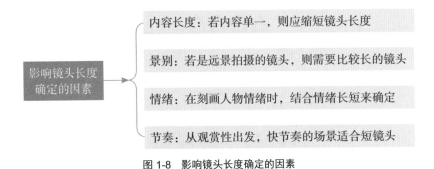

图 1-8　影响镜头长度确定的因素

1.3.5　镜头节奏

节奏是指一切合乎规律的运动状态，如高低、起伏、快慢、强弱等。万事万物都有其自己的节奏，短视频也不例外。在短视频中，借助镜头可以表现出不同的节奏，并给予受众平缓、紧张等不一样的心理感受。

节奏会受到镜头的长度、场景的变换和镜头中的影像活动等因素的影响。通常情况下，镜头节奏越快，则视频的剪辑率越高、镜头越短。剪辑率是指单位时间内镜头个数的多少，由镜头的长短来决定。

在脚本创作中，短视频创作者应结合画面内容对镜头节奏有一个大致的把握，从而避免短视频的最终效果受到影响。

第 2 章

脚本创作：
提升拍摄的效率

　　短视频脚本作为短视频拍摄的指南，其内容越是完整、具体，越能够提高短视频拍摄的效率。本章将详细介绍短视频脚本的创作方法和思路，帮助读者创作出更完整的脚本。

2.1　脚本的编写流程

在创作短视频脚本时，短视频创作者需要遵循化繁为简的形式规则，同时需要确保内容的丰富度和完整性。图2-1所示为短视频脚本的基本编写流程。

图 2-1　短视频脚本的基本编写流程

2.2　脚本的写作技巧

由于脚本是短视频创作者将想要制作视频的构思用文字的形式呈现出来的载体，因此脚本创作可以掌握一定的写作技巧，例如设置悬念，激发受众观看视频的兴趣；设置反转，满足受众追求新鲜感的心理等。本节将详细介绍设置悬念、设置反转和探求未知3种脚本的写作技巧。

2.2.1　设置悬念

好奇心是人类的天性，能够满足人类好奇心的短视频势必能够吸引大众的关注，而在脚本创作中设置悬念则能够很好地满足人们的这一心理。在短视频脚本的创作中，常见的设置悬念方法是采用倒叙的手法，先呈现故事的结尾，然后再讲述故事的开端和发展。

例如，短视频创作者打算以口播视频的方式分享一本书，视频的开头则说道"我后悔没早点看这本书"，接着再将书名、书中的内容进行介绍。受众在看到视频开头的这句话时，便很容易产生疑问："这本书"是什么书？书中的内容是什么？这本书怎么就让发布视频的人后悔了呢？带着类似的疑问和好奇，便想要进一步观看视频。

因此，相对于平铺直叙地讲述故事，这种带有悬念的脚本更容易吸引人。

2.2.2　设置反转

所谓反转，是指故事的叙事打破人的常规思维，走向出乎人意料。在短视频脚本的创作中，设置反转能够给人带来惊喜感和新鲜感。常见的设置反转的方式有以下3种，如图2-2所示。

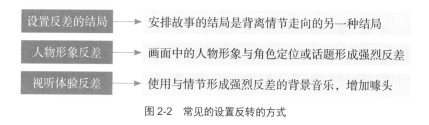

图2-2　常见的设置反转的方式

2.2.3　探求未知

宇宙如此浩瀚，能够包罗万象，而人在宇宙当中是渺小的，个人的认知始终带有局限性，甚至一个人对于另一个人习以为常的生活都是感到未知和带有新鲜感的。随着互联网的逐渐发达，短视频成了传递信息和知识的重要途径之一，因此，一个人可以借助短视频探求到更多的未知。

因此，短视频创作者在脚本创作时，能够挖掘到更多带有个人色彩、地域、特征的事物融入短视频中，也是脚本创作的重要写作技巧。例如，生活在农村的短视频创作者以自己的农村生活为题材来创作脚本，并制作成短视频，如图2-3所示。

图 2-3　探究未知的短视频示例

2.3　脚本的内容创作方法

短视频脚本的内容是短视频的核心，影响着短视频的质量，因此短视频创作者应重视脚本的内容创作。常用的脚本内容创作方法有重组法、创新法和模仿法，本节将详细介绍这3种方法。

2.3.1　重组法

重组法是指将两个脚本故事融合为一个脚本，实现内容情节的丰富、新颖。短视频创作者可以自己创作两个脚本故事或者借鉴两个脚本故事，将内容情节、叙事结构、写作手法等进行对换，从而形成一个新的脚本故事。

例如，短视频创作者借鉴经典的童话故事《白雪公主》和《小红帽》来重组成一个新的故事。在新的故事中，故事的发展有新的走向和结局，《白雪公主》和《小红帽》里面的人物同处于一个时代，却过着不一样的生活，且故事用短视频的形式呈现出来，能够给受众以新颖的观看体验。

需要注意的是，在使用重组法进行短视频脚本创作时，要注意以下两个原则。

（1）脚本创作以正向的价值观导向为主。

（2）脚本创作虽然是两个脚本故事的重新组合，但仍要遵循一定的逻辑性，让受众能够观看明白。

2.3.2　创新法

创新法，顾名思义是脚本创作要融入新意，既可以是融入新的元素，也可以是打破旧的思维范式。短视频创作者要想让自己的短视频内容更加优质，获得更多人的喜爱，就要融入一些有新意、个性的元素，形成自己的风格。

例如，大多数的口播视频都是画面中的人物坐在镜头面前说话或念台词，通常画面都比较单调，但其中一个口播视频创作者是边走路边说话来录制视频的，让画面更有活力，这就是一种创新的体现。

2.3.3　模仿法

如果短视频创作者在策划脚本内容时，很难找到创意，也可以去翻拍或改编一些经典的影视作品。短视频创作者在寻找翻拍素材时，可以去豆瓣电影平台上找到各类影片排行榜（见图2-4），将排名靠前的影片都列出来，然后去其中搜寻经典的片段，包括某个画面、道具、台词、人物造型等内容，都可以借鉴。

图 2-4　豆瓣电影排行榜

2.4　脚本的优化思路

一般来说，能够顺利指导短视频拍摄的脚本就是好的脚本，而在指导拍摄的同时还能够帮助短视频呈现出最佳效果的脚本，则可以被称为优质的脚本。因此，短视频创作者要想创作出优质的脚本，就需要对脚本进行优化。本节将介绍几种优化脚本的思路，帮助短视频创作者进行脚本创作。

2.4.1　确定风格

风格无关好坏，与拍摄者自己的个人特性有关。具体来说，这里所指的确定自己的风格包括多层含义，具体如下。

（1）是指拍摄者确定自己想要拍摄的视频风格，如记录日常、揭露社会现象、影视翻拍等。

（2）是指拍摄者确定好想要拍出什么样的视频效果，这其中包括拍摄者想要通过视频传达什么、实际能够传达什么，以及视频能否让观众喜欢等。

（3）是指拍摄者的个性与视频的融合程度，具体指拍摄者的性格特征、爱好等是否与自己所要拍摄的视频风格相一致，或者部分一致。通常情况下，若是两者融合度较高，则会支撑拍摄者长久且持续性地拍摄视频，这份决心对于短视频的创作而言相当重要。

总而言之，风格是视频拍摄者所要确定的一个要素，确定好风格后，才能顺畅地按照撰写流程来撰写视频脚本。

例如，拍摄者从小生活的环境是乡村，自己的思想、性格等很大部分都受乡土情结的影响，而自己对于所生活的环境也是热爱着的，那么，拍摄者则可以考虑以乡村生活为题材，来撰写短视频运镜的脚本，将自己熟悉的生活图景用运镜手法拍摄出来。图2-5所示为以记录乡村生活为风格的短视频账号示例，用一个中心主题囊括多个分镜头记录下乡村里发生的故事。

图 2-5　以记录乡村生活为风格的短视频账号示例

2.4.2　注重审美

短视频的拍摄和摄影类似，都非常注重审美，审美决定了所创作的作品的艺术高度。如今，随着各种智能手机的摄影功能越来越强大，降低了短视频的拍摄门槛，无论是谁都可以成为短视频的创作者。

另外，各种剪辑软件也越来越智能化，即便拍摄的画面非常粗糙，经过后期剪辑处理，也能变得很好看。例如，剪映App中的"一键成片"功能，就内置了很多模板和效果，拍摄者只需导入视频就可以轻松制作出同款短视频效果，如图2-6所示。

图 2-6　剪映 App 的"一键成片"功能

也就是说，短视频的技术门槛已经越来越低了，普通人也可以轻松创作和发布短视频作品。但是，每个人的审美观是不一样的，短视频的艺术审美和强烈的画面感都是加分项，能够增强视频的竞争力。因此，短视频创作者在进行脚本创作时，要注重审美，指导视频拍摄出稳定、清晰、富有层次感和表现力的画面。

2.4.3　符合条件

创作脚本相对于拍摄视频和剪辑视频来说是比较有难度的，因为脚本对于创意要求极高。但是，如果创作者想要制作出优质的短视频，可以遵循以下几个条件来撰写脚本，将其作为评估脚本的指标，减少撰写脚本的难度，如图2-7所示。

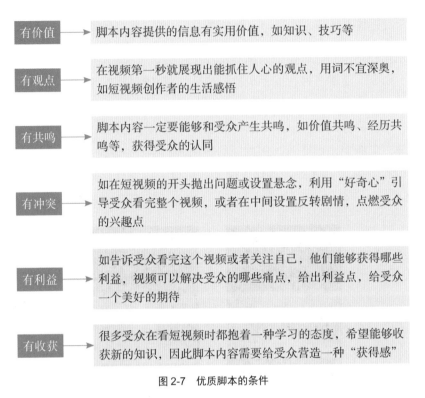

图 2-7　优质脚本的条件

2.5　剪映脚本创作工具

短视频创作者在写作脚本时，可以利用一些脚本创作工具，如剪映App中的"创作脚本"功能提供了自定义脚本，让短视频创作者可以自由发挥创作脚本；也可以直接套用脚本模板，如剪映App中有很多不同类型的短视频脚本模板，供短视频创作者参考和借鉴。本节将具体介绍剪映脚本创作工具的使用方法。

2.5.1　自定义脚本

在剪映App的首页有一个"创作脚本"功能，进入其界面点击"新建脚本"按钮，短视频创作者即可在此进行脚本创作，如图2-8所示。

此外，剪映App还提供了视频剪辑功能，方便短视频创作者在创作好脚本后，直接进行短视频的后期剪辑。

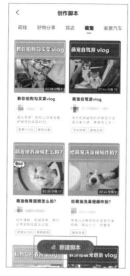

图2-8　剪映App的"创作脚本"功能

2.5.2　套用脚本模板

为了简化脚本创作的工作，短视频创作者可以直接套用脚本模板，如表2-1所示，这是一个简单的短视频脚本模板。

表2-1　一个简单的短视频脚本模板

镜号	景别	运镜	画面	设备	备注
1	远景	固定镜头	在天桥上俯拍城市中的车流	手机广角镜头	延时摄影
2	全景	跟随运镜	拍摄主角从天桥上走过的画面	手持稳定器	慢镜头
3	近景	上升运镜	从人物手部拍到头部	手持拍摄	
4	特写	固定镜头	人物脸上露出开心的表情	三脚架	
5	中景	跟随运镜	拍摄人物走下天桥楼梯的画面	手持稳定器	
6	全景	固定镜头	拍摄人物与朋友见面问候的场景	三脚架	
7	近景	固定镜头	拍摄两人手牵手的温馨画面	三脚架	后期背景虚化
8	远景	固定镜头	拍摄两人走向街道远处的画面	三脚架	欢快的背景音乐

此外，剪映App还内置了很多脚本模板，且针对不同类型的短视频提供不同的模板，如图2-9所示，方便短视频创作者直接套用。

图 2-9　剪映 App 中内置的脚本模板

短视频创作者可以按照需求选择相应的脚本模板，进入其界面即可看到"去使用这个脚本"按钮，点击该按钮即可直接套用此模板，如图2-10所示。

图 2-10　套用剪映 App 中的脚本模板

【文案篇】

第 3 章

文案基础：
创编视频的能力

文案在短视频中的地位类似于一个翻译官，专门传达视频想要表达的意图，尤其是在口播视频中，文案始终贯穿其中。因此，短视频创作者要想制作出更有价值的视频，应在文案上多下功夫。本章将为大家分享撰写文案所需掌握的基本技能。

3.1 内容策划能力

优质的文案不在于华丽的辞藻堆砌，而在于内容的高价值。要确保文案内容是高价值的，则需要短视频创作者拥有一定的内容策划能力。简而言之，短视频创作者在撰写文案之前，应掌握一定的文案内容收集能力，并有一定的文案素材储备。本节将介绍几种培养文案内容策划能力的技巧。

3.1.1 找素材网站

素材网站是短视频文案的重要来源之一。当前，短视频中的很多文案内容大都相差无几，多是出自专门的素材网站。

素材网站有小故事网、随笔网、素材巷、内容神器等。这些网站都提供了文案素材，但其功能有细微的区别，具体介绍如图3-1所示。

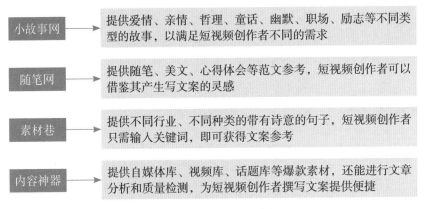

小故事网	提供爱情、亲情、哲理、童话、幽默、职场、励志等不同类型的故事，以满足短视频创作者不同的需求
随笔网	提供随笔、美文、心得体会等范文参考，短视频创作者可以借鉴其产生写文案的灵感
素材巷	提供不同行业、不同种类的带有诗意的句子，短视频创作者只需输入关键词，即可获得文案参考
内容神器	提供自媒体库、视频库、话题库等爆款素材，还能进行文章分析和质量检测，为短视频创作者撰写文案提供便捷

图 3-1 素材网站的具体介绍

此外，在煎蛋网中提供了各种热点事件、新鲜热图等，帮助短视频创作者掌握实时信息；文案狗中提供了谐音字查询，帮助短视频创作者产出金句。

3.1.2 多收集金句

所谓金句，就是指一些有价值、有意义的话语，这些话语往往是积极向上、发人深省的。短视频创作者在撰写文案时融入一些金句，能够提高短视频内容的质感。

短视频创作者可以从抖音、快手、小红书等热门的平台中收集金句，作为自己的短视频文案灵感来源。图3-2所示为小红书中发布的金句合集。

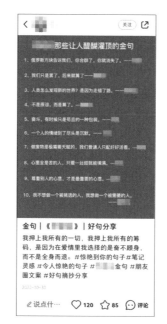

图 3-2 小红书中发布的金句合集

另外，以情感文案而闻名的网易云音乐平台也可以作为金句收集的来源，其平台内网友们的评论回复、句子分享等，都可以作为短视频创作者的创作源泉。

3.1.3 追热点话题

文案内容的高质量评价标准之一就是关注度、点赞量、评论等数据高，而往往热点话题或事件都是满足这一标准的，因此短视频创作者在策划文案内容时，也可以紧追热点话题，结合热点进行文案创作。

各大信息平台如微博、百度、抖音、哔哩哔哩（简称B站）等平台都有热点排行榜，短视频创作者可以从中选择热点话题进行创作。

3.1.4 看垂直类网站

目前，大多数的短视频都属于口播视频，且口播的内容多是知识分享类文案，因此对于这方面的短视频创作者来说，策划文案内容则需要参考知识性的垂直类网站，如知乎、豆瓣、百度问答等网站，都有很多关于知识的内容分享。图3-3所示为豆瓣平台的知识小组内容分享。

图 3-3　豆瓣平台的知识小组内容分享

★ 专家提醒 ★

口播视频是短视频中涉及面最广、覆盖最多的短视频形式，且制作门槛较低，很多短视频创作者的定位都是做口播视频。关于口播视频的详细内容在本书后面有专门的章节加以介绍，此处先不做重点讲述。

3.1.5　策划文案封面

对于短视频文案内容的策划而言，其封面的策划也是不容忽视的。好的封面应该是图文并茂、迅速吸睛，能够极大地激起受众的观看兴趣。策划文案封面有以下几个技巧。

1. 图文并茂

虽然文案主要以文字为主，但单纯的文字容易让人产生审美疲劳，因此文案封面应做到图文并茂。具体来说，文案封面是图片与文字的巧妙结合，应该像夹心饼干一样外形美观、夹心不外溢。

2. 色彩鲜艳

色彩鲜艳具体是指文案封面的策划在图片的色彩选择上、文字的艺术设计上要给人新潮感，不仅能迅速吸引人的眼球，还能让人的目光驻留，如图3-4所示。并且，色彩应讲究美感，不能策划使人感觉不适的文案封面。

图 3-4 色彩鲜艳的文案封面

3. 排版美观

在策划文案封面时，短视频创作者需要考虑文字的排版问题，文字排版应与图片的尺寸、大小、色彩等相匹配，展现一定的美感。若是需要呈现大篇幅的文案内容，可以在提炼要点之后用项目符号或有设计感的标签来展示。

3.2 编剧思维能力

在不同类型的短视频内容中，剧情类短视频最能够让人驻留时间久、流连忘返。因为这类短视频的文案内容带有故事性、极具吸引力。剧情类短视频主要依托的是短视频创作者的编辑思维能力，而编辑思维能力可以通过掌握一些技巧来培养。本节将介绍3种培养编剧思维能力的技巧。

3.2.1 主抓3个要点

文学上的故事讲述可以遵循"背景、触发、探索、意外、选择、高潮、逆转、解决"8个过程，但短视频的内容呈现时间较短，难以在一个视频中讲述太多，因此短视频创作者需要有所取舍，主抓"悬疑、逆转和冲突"3个要点即可。

短视频创作者以这3个要点来阐述一个故事，能够在短时间内更快地吸引受众的注意力。例如，短视频创作者以悬疑剧的方式创作一个短的故事脚本，选择生活中常见的场景，安排一个时间疑点，然后设置反转和冲突，给受众很强的冲击力和刺激性，从而吸引受众看完视频。

3.2.2　打造鲜明人设

在文学创作中，提倡塑造丰满的圆形人物，但在短视频中，由于视频的特性，无法承载丰满的人物形象，所以大多数的短视频都以打造一以贯之的人设来取胜。因此，短视频创作者在撰写剧情文案时，也可以考虑打造一个鲜明的人设，通过多次的出镜率赢得受众的认可。

短视频创作者打造鲜明人设有以下几个思路，如图3-5所示。

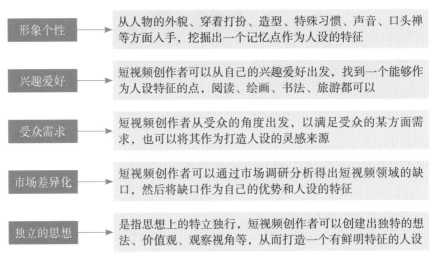

形象个性	从人物的外貌、穿着打扮、造型、特殊习惯、声音、口头禅等方面入手，挖掘出一个记忆点作为人设的特征
兴趣爱好	短视频创作者可以从自己的兴趣爱好出发，找到一个能够作为人设特征的点，阅读、绘画、书法、旅游都可以
受众需求	短视频创作者从受众的角度出发，以满足受众的某方面需求，也可以将其作为打造人设的灵感来源
市场差异化	短视频创作者可以通过市场调研分析得出短视频领域的缺口，然后将缺口作为自己的优势和人设的特征
独立的思想	是指思想上的特立独行，短视频创作者可以创建出独特的想法、价值观、观察视角等，从而打造一个有鲜明特征的人设

图 3-5　打造鲜明人设的思路

3.2.3　标志性的活动

一些年代久远的广告之所以到现在都还家喻户晓，很大一部分原因是融入了标志性的活动，或是简短的广告语多次重复，或是搭配了带有魔幻色彩的音乐或音效，抑或是广告中出现了有记忆点的动作等。短视频创作者在撰写文案时，需要建立融入标志性活动的思维，让短视频受众对短视频内容形成固定记忆，从而增加受众的黏性。

例如，某位抖音达人每一个短视频的结尾都以主角正面特写的慢动作镜头来结束，通过固定的运镜来加深受众对内容的记忆。

3.3 网感捕捉能力

所谓网感，是指对网络的感知能力，准确地说是由互联网社交习惯建立起来的思考方式和表达方式。通常情况下，能够做出爆款短视频的人都是网感极强的人，他们往往能够比普通人更加敏锐、迅速地捕捉到热点信息，并制作出热门视频。

因此，为了有效地发挥短视频文案的作用，短视频创作者需要培养一定的网感捕捉能力。本节将介绍一些网感捕捉能力的培养技巧。

3.3.1 看短视频

短视频创作者建立网感主要是为了制作出爆款短视频，因此首先需要大量地观看短视频，了解爆款短视频的特点。具体而言，短视频创作者需要观看短视频的以下几个方面，如图3-6所示。

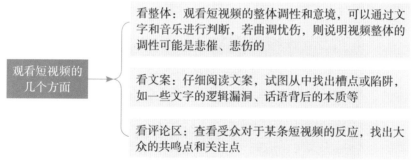

图 3-6 观看短视频的几个方面

短视频创作者可以先选择一个短视频平台，观看视频的同时遮挡视频的点赞、评论、转发等数据，看完之后猜测该视频的数据如何，然后查看正确率，具体可以猜测此视频在观看时和观看6个小时后的数据量，以此来培养网感。这个方法建议选择多个短视频平台进行观看，以保证网感的可信度。

3.3.2 分析数据

爆款视频主要是靠数据堆积而来的，因此短视频创作者可以通过分析爆款视频的数据来培养网感。具体来说，短视频创作者需要先找到爆款视频，然后分析其背后的情绪起伏线和评论区热词对应的视频内容，然后得出结论，形成一定的网感。

在分析数据的过程中，短视频创作者应建立3种感觉，具体如图3-7所示。

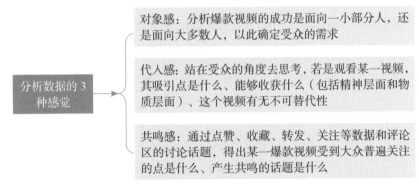

图 3-7　分析数据的 3 种感觉

短视频创作者可以有意识地用上述3种感受去分析爆款视频的数据，并理清思路、得出结论。

下面以抖音短视频账号"一禅小和尚"的这条点赞、评论、转发、收藏等数据都破万的视频为例，如图3-8所示，以上述3种感受去分析其数据，具体如下。

图 3-8　"一禅小和尚"的爆款视频

（1）内容介绍：这条短视频的整体调性与"一禅小和尚"一以贯之的风格相一致，以动漫人物、唯美画面、对话情感话题为主。这条视频中所探讨的情感话题为"见面与线上聊天是两回事"，得出的结论是"见面比聊天更有温度，提倡见面"。

（2）数据分析：以对象感、代入感和共鸣感3种感受去分析这个视频的爆款原因，具体说明如图3-9所示。

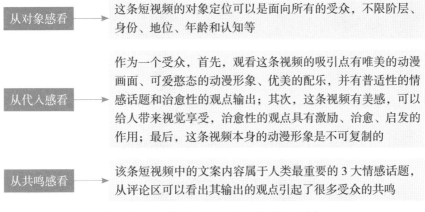

图 3-9　"一禅小和尚"的爆款视频的数据分析

3.3.3　学以致用

短视频创作者观看大量的短视频并分析其数据，重在能够将所得用到自己的短视频制作中，因此学以致用也是培养网感捕捉能力的一个重点。

短视频创作者在学以致用上可以掌握以下几个技巧。

1. 建立灵感库

短视频创作者在观看了大量的爆款视频和分析了其数据之后，会形成一定的感知度，这一感知度可以帮助他们产生短视频脚本创作、文案写作、拍摄与剪辑等方面的灵感，然后将转瞬即逝的灵感收集起来建立一个灵感库，以做备用。

具体来说，短视频创作者可以从账号简介、标题、文案、爆款梗、干货、封面等维度来建立灵感库。

2. 讲故事为主

比起纯粹地说理和硬干货分享，讲故事的形式更受大众的喜爱，这也是为什么在很多短视频平台中，剧情演绎类短视频往往是爆款视频的原因。短视频创作者可以在对热门话题或事件有了一定的感知度后，以讲故事的形式来阐述自己所要表达的观点或内容。

需要注意的是，短视频创作者可以自创故事融入观点，也可以改编故事输出观点，且讲故事要尽量以朴实、亲近为主，这样更容易引起受众的共鸣。

3. 区分平台

不同的短视频平台调性不一样，其热点和爆款视频也会有所区别，如快手平台主打"老铁文化"，其爆款视频多数是以普通人分享朴实生活为题材的短视频；抖音平台聚焦年轻人的潮流文化，其爆款视频多数是带有炫酷特效、画面精美的短视频。图3-10所示为快手（左）和抖音（右）爆款视频的对比。

因此，短视频创作者在运用网感制作视频的时候，要注意区分不同的平台。

4.刻意练习

"熟能生巧"在短视频领域也同样重要，任何技术、能力只有达到一种炉火纯青的阶段才能保持得更为长久。短视频创作者无论是在观看短视频分析数据，还是在运用网感制作短视频，都需要保持勤加练习。

图 3-10　快手（左）和抖音（右）爆款视频的对比

3.3.4　终身学习

短视频作为一种更新速度快的事物，很难长期处于不变的位置，当前所培养的网感捕捉能力也可能在短期内便无用武之地，况且网感捕捉能力高的表现并非一味地紧追热点，而是短视频创作者能够自创热点，开发出一股新的潮流。因此，短视频创作者应当树立终身学习的观念，时刻保持学习，不断地为自己的短视频内容注入新鲜的"血液"。

具体来说，短视频创作者保持终身学习有以下几个方法，如图3-11所示。

选题上	短视频创作者可以通过大量的阅读量来扩充自己的知识储备，提高自己的认知，并保持对生活的敏感和洞察，然后将其提炼并制作成短视频内容，以创造出热门话题
拍摄上	高水准的拍摄技术可以提高制作短视频的效率。短视频创作者可以在掌握运镜技巧的基础上，创新拍摄手法，拍摄出更有战术性的短视频画面
撰文上	文案对于表达短视频内容的作用是无可代替的。短视频创作者应更多地立足于生活，细致地观察生活，将撰写文案的功夫打磨到"一鸣惊人"的水平
剪辑上	剪辑与拍摄有异曲同工之处，短视频创作者可以在掌握基本的剪辑技巧上，创造新的技法，融入更高级的音效、特效，打造出画面与内容巧妙地融为一体的短视频作品

图 3-11　短视频创作者保持终身学习的方法

第 4 章

标题文案：
提升视频点击率

一篇文章的标题一般具有概括内容、交代线索、表现主旨、激发读者兴趣等作用，标题文案的作用类似，主要是发挥概括短视频的内容、激发受众的观看兴趣等作用。为了更好地发挥标题文案的这些作用，短视频创作者可以掌握一些撰写标题文案的技巧。本章将介绍这方面的相关知识。

4.1 标题文案的模板

标题文案作用于受众，最主要的目的就是吸引受众观看短视频的兴趣。而大多数爆款视频的标题文案都能很好地发挥这一作用，因此只要分析爆款视频中标题文案的写法，就能够得到撰写标题文案的规律。本节总结了一些撰写标题文案的模板，为短视频创作者提供参考。

4.1.1 福利式

福利式标题文案是指在标题上带有与"福利"相关的字眼，向受众传递一种"这个短视频就是来送福利的"的感觉，让受众自然而然地想要看完短视频。福利式标题准确把握了受众追求利益的心理需求，让他们一看到"福利"的相关字眼，就会忍不住想要了解短视频的内容。

福利式标题文案的表达方法有两种：一种是直接型；另一种是间接型，具体介绍如图4-1所示。

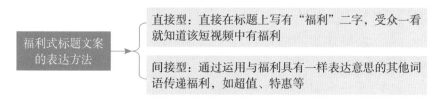

图 4-1　福利式标题文案的表达方法

值得注意的是，在撰写福利式标题文案时，无论是直接型还是间接型，都应该掌握3点技巧，如图4-2所示。

图 4-2　福利式标题文案的撰写技巧

福利式标题文案既可以吸引观众的注意力，又可以为他们带来实际利益，可谓一举两得。当然，短视频创作者在撰写福利式标题时也要注意，不要因为侧重福利而偏离了主题，而且最好不要使用太长的标题，以免影响短视频的传播效果。

4.1.2　鼓舞式

鼓舞式标题文案最为显著的特点就是"现身说法"，一般通过第一人称的方式讲述故事，故事的内容包罗万象，但总的来说离不开成功的方法、教训及经验等。

鼓舞式标题文案模板主要有两种，如图4-3所示。

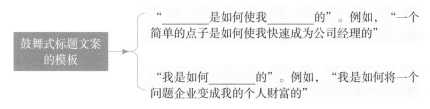

图 4-3　鼓舞式标题文案的模板

鼓舞式标题文案的好处在于煽动性强，容易制造一种鼓舞人心的感觉，勾起受众的欲望，从而提升短视频的完播率。鼓舞式标题文案有3种技巧可供借鉴，如图4-4所示。

图 4-4　鼓舞式标题文案的写作技巧

鼓舞式标题文案一方面利用受众想要获得成功的心理，另一方面则巧妙借鉴了情感共鸣的方法，通过带有励志色彩的字眼来引起受众的情感共鸣，从而获得他们的关注。

4.1.3　冲击式

冲击式标题文案是指带给人在视觉和心灵上的触动的力量，也是引起受众关注视频内容的原因，在撰写短视频标题时它有着独有的价值和魅力。

在具有冲击力的标题文案撰写中，要善于利用"第一次"和"比……还重要"等类似的、具有极端性特点的词汇，带给受众强大的戏剧冲击感和视觉刺激感。

4.1.4 悬念式

好奇是人的天性，悬念式标题文案就是利用人的好奇心来打造的，它首先抓住受众的眼球，然后激发受众的阅读兴趣。标题文案中的悬念是一个诱饵，引导受众查看短视频的内容，因为大部分人看到标题里的疑问和悬念，就忍不住想要进一步弄清楚真相，这就是悬念式标题文案的套路。

悬念式标题文案在日常生活中运用得非常广泛，也非常受欢迎。人们在观看电视或综艺节目时，也会经常看到一些节目预告，这些预告就是采用悬念式标题文案引起受众兴趣的。通常情况下，利用悬念撰写标题文案的方法有4种，如图4-5所示。

图 4-5　利用悬念撰写标题文案的方法

悬念式标题文案的主要目的是增加短视频的可观看性，因此短视频创作者需要注意的是，使用这种类型的标题，一定要确保短视频内容确实是能够让受众感到惊奇，否则容易丧失受众对短视频账号的信任。并且，短视频创作者在设置悬念式标题文案时，最好是有较强的逻辑性，切忌忽略了文案的目的和文案本身的质量。

4.1.5 借势式

借势式是一种常用的标题文案写作手法，借势不仅完全是免费的，而且效果非常可观。借势式标题文案是指在标题文案上借助社会上的一些时事热点和新闻的相关词汇来给短视频造势，增加点击量。

借势一般都是借助最新的热门事件吸引受众的眼球。一般来说，时事热点拥有一大批关注者，而且传播的范围也会非常广，短视频标题借助这些热点就可以让受众轻易地搜索到该短视频，从而吸引受众查看该短视频的内容。

那么，在创作借势式标题文案时，应该掌握哪些技巧呢？可以从3个方面来努力，如图4-6所示。

图 4-6　借势式标题文案的写作技巧

值得注意的是，在打造借势型标题时，要注意以下两个方面。

（1）带有负面影响的热点不能追随，标题文案的大方向要积极向上。

（2）最好在借势式标题文案中加入自己的想法和创意，做到借势和创意的完美同步。

4.1.6　急迫式

使用急迫式标题文案时，往往会让受众产生现在就会错过什么的感觉，从而立马观看短视频。这类标题文案的写作技巧有3个，如图4-7所示。

图 4-7　急迫式标题文案的写作技巧

急迫式标题文案是促使受众行动起来的最佳手段，同时也是切合受众利益的一种标题形式。

4.1.7　警告式

警告式标题文案常常通过发人深省的内容和严肃深沉的语调，给受众以强烈的心理暗示，让受众对短视频内容产生深刻的印象。警告式的新闻标题常常被很多短视频运营者所追捧和使用。

警告式标题文案是一种有力量且严肃的标题，也就是通过标题给人以警醒作用，从而引起受众的高度注意。它通常会将以下3种内容移植到短视频标题文案中。

（1）通过警告来描述事物的主要特征。

（2）通过警告来突出事物的重要功能。

（3）通过警告来凸显事物的核心作用。

很多人只知道警告式标题文案能够起到比较显著的影响，容易夺人眼球，但具体如何撰写却是一头雾水。这里分享3个技巧，如图4-8所示。

图 4-8　警告式标题文案的写作技巧

在运用警告式标题文案时，需要注意运用是否得当，用词是否恰当，绝对不能草率行文，不顾内容胡乱取标题。

4.1.8　观点式

观点式标题文案是以表达观点为核心的一种标题撰写形式，通常会在标题上精准地提到某个人，并且把他的人名镶嵌在标题之中。值得注意的一点是，这种类型的标题还会在人名后紧接这个人的观点或看法。

观点型标题比较常见，且使用范围广。一般来说，这类观点型标题写起来比较简单，基本上都是"人物+观点"的形式。具体的技巧说明如下。

（1）提炼观点时要突出重点，击中受众的切实需求。

（2）观点的内容与短视频的内容要保持一致，确保题文相符。

（3）在排版时，标题文案可适度延长，确保观点表达完整。

4.1.9　独家式

所谓独家式标题文案，就是在标题上体现短视频运营者所提供的信息是独有的珍贵资源，值得受众观看和转发。

从受众心理方面而言，独家式标题文案所表达的内容一般会给人一种自己率先获知、别人都不知道的感觉，让受众在心理上更容易获得满足。在这种情况下，好为人师和想要炫耀的心理就会驱使受众自然而然地转发短视频，从而成为短视频潜在的传播源。

独家式标题文案还会给受众带来独一无二的荣誉感，让短视频内容更加具有吸引力。一般来说，独家式标题文案有以下3种写作技巧，如图4-9所示。

充分掌握受众的心理状态

从不同角度挖掘受众的痛点需求

独家式标题文案的写作技巧

加入"独家""探秘"等字眼

图4-9 独家式标题文案的写作技巧

独家式的标题文案往往也暗示着短视频内容的珍贵性，因此短视频创作者需要注意，如果标题使用的是带有独家性质的形式，就必须保证短视频的内容也是独一无二的，以免失去受众的信任。

4.1.10 数字式

数字式标题文案是指在标题中呈现出具体的数字，通过数字的形式来概括相关的主题内容。数字不同于一般的文字，它会带给受众比较深刻的印象，与他们的心灵产生奇妙的碰撞，且能够激起受众的好奇心。

数字式标题文案很容易撰写，因为它是一种概括性的标题，只要做到以下3点就可以撰写出来，如图4-10所示。

从短视频内容中提炼出数字标题

数字式标题文案的写作技巧

按照内容的逻辑结构撰写数字标题

通过数字对比，设置冲突和悬念

图4-10 数字式标题文案的写作技巧

数字式标题文案通常采用悬殊的对比、层层递进等方式呈现，如"只需3步就能拼好一个魔方"，其目的是营造一个比较轻松的氛围，让受众对短视频内容产生观看兴趣。

此外，数字式标题还包括很多不同的类型，如时间、年龄等，具体来说可以分为3种，如图4-11所示。

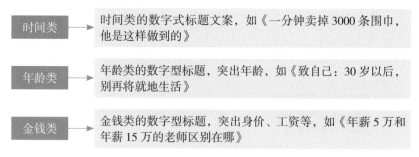

图 4-11　数字式标题文案的类型

4.2　标题文案的注意事项

短视频创作者在运用标题文案的模板时，不能一味地生搬硬套，除了要与短视频内容相贴切，还要注意一些写作事项。本节将介绍写作标题文案时的注意事项，以帮助短视频创作者规避错误。

4.2.1　不宜过长

一篇文章标题最大的特点是精练、有概括性，标题文案也类似，主要是对短视频内容的提炼和概括。因此，短视频创作者应注意标题文案不宜过长，一般来说，标题文案中的文字不宜超过30个字，10个字以内为最佳。

控制标题文案的字数的主要原因在于：一是标题文案在短视频平台的展示空间有限，文字太多会自动折叠遮挡，容易失去文案的作用；二是大多数受众的观看习惯都会忽略长篇大论的内容，文字太多容易分散受众的注意力；三是标题文案中使用太多文字会影响整体短视频的观看体验，缺乏美观性。

4.2.2　避免深奥

对于短视频受众来说，除非是某一个短视频账号的忠实粉丝，熟悉短视频创作者的用语习惯，否则当短视频创作者撰写一个需要理解力、比较深奥的标题文案时，大多数受众会感到一头雾水，进而失去点击短视频的兴趣。

因此，短视频创作者应尊重每一个受众的阅读力和理解力，不宜使用深奥的词汇或符号来撰写短视频文案。从通俗的角度来说，就是尽量少用华丽的辞藻和不实用的描述，照顾到绝大多数受众的语言理解能力，利用通俗易懂的语言来撰写标题文案。

为了实现标题文案的通俗化，短视频创作者可以重点从3个方面着手：一是长话短说，不拖泥带水；二是用简洁的语言突出重点信息；三是添加生活化的元素，引起受众共鸣。

其中，添加生活化的元素是一种常用的、简单的、使标题通俗化的方法，也是一种行之有效的标题文案写作方法。利用这种方法，可以把专业性的、不易理解的词汇和道理通过生活元素生动形象地表达出来。

4.2.3　正向输出

任何言论的输出和表达都需要在法律的许可下，遵循正向的世界观、人生观和价值观，禁止粗俗、鄙夷的话语出现在标题文案中。

短视频创作者在撰写标题文案时，可以多输出祝福语，在结合短视频内容的基础上，融入祝福语能够安抚人心，从而激发受众对短视频的好感。图4-12所示为融入祝福语的短视频标题文案示例。

图 4-12　融入祝福语的短视频标题文案示例

对于真人出镜的口播短视频来说，由于祝福语本身具有美好的治愈功能，比较容易吸引受众观看视频，而受众在观看视频的同时，会不自觉地认为短视频里面的人物也有美好的特性，从而增加对短视频内容和短视频账号的关注。

4.2.4 添加话题

在各大短视频平台，任何短视频的标题文案并非单独呈现的，都会带有一些与标题文案内容或短视频内容相关的话题，这些话题相当于是放置短视频的箱子，能够将不同类型的短视频进行归类，也能够帮助短视频准确地传播给目标受众。

因此，短视频创作者在写作标题文案时，要注意添加话题。添加话题的技巧有以下几个，如图4-13所示。

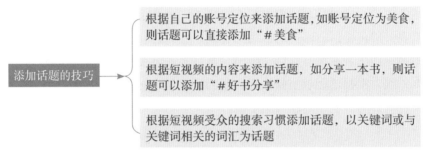

图 4-13　添加话题的技巧

短视频创作者若是不能够准确判断自己的短视频内容，可以询问自己的朋友，参考朋友的意见来给标题文案添加话题。需要注意的是，有些短视频平台会自动归类短视频，从而推荐可以添加的话题，这也是一种添加话题的方法。

4.3　标题文案的生成工具

对于标题文案来说，创意始终是一个痛点。由于人的思维认知有局限、灵感产生存在偶然性，创意的标题文案不可能一直持续不断地输出。而为了给受众带来更多创意观感，短视频创作者可以使用一些创意文案生成工具，如巨量创意工具，能够实现创意的巨量生产。本节将介绍巨量创意工具的相关内容。

4.3.1 巨量创意简介

巨量创意是巨量引擎推出的营销创意交流服务平台，主要是为抖音平台的短视频创作者提供短视频营销帮助。

对于短视频创作者而言，巨量创意能够为短视频制作提供全过程的帮助，包括以下几个方面，如图4-14所示。

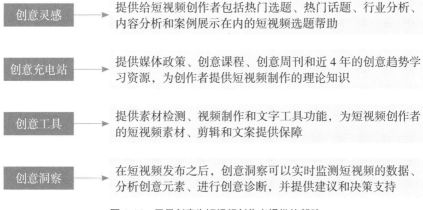

图 4-14　巨量创意为短视频创作者提供的帮助

4.3.2　智能生成标题

在巨量创意平台提供的创意工具中，短视频创作者可以在标题推荐中享受"一键生成智能投放标题"的服务，如图4-15所示，有效地解决创作者难以想出创意标题文案的难题。

图 4-15　"一键生成智能投放标题"的服务

从图4-15中可以看出，在巨量创意平台中，短视频创作者可以在"创意工具"的页面中选择所需的行业或输入关键词，即可在右侧看到系统智能生成的标题文案。目前，巨量创意平台为短视频创作者提供了应用下载、教育培训、食品饮料、家居建材、日用百货、服装服饰、美容化妆、招商加盟、汽车、奢侈品等不同行业的选择，以满足不同短视频内容的需求。

4.3.3 复制修改标题

当短视频创作者实在没有标题文案的写作灵感时，可以在巨量创意中借助工具进行查找，但是通过系统生成的标题文案仅作为参考，短视频创作者应将其作为一个灵感来源，还需要进行复制修改工作。

短视频创作者可以建立一个标题文案库，将查找到的标题文案收集起来，修改使用或以备不时之需。例如，当短视频创作者想要查找关于"茶"的标题文案时，使用巨量创意工具可以得到一些标题文案推荐，如图4-16所示。

图 4-16　巨量创意工具推荐的标题文案

然后，创作者可以选择喜欢的标题文案类型，复制出来进行修改并保存到自己的标题文案库中。例如，将"经典老寿眉，茶农直销，只为回甘持久，只为回头客！"复制出来，修改为"清香普洱，茶农直销，只为回甘持久，叫人回味无穷！"然后保存到标题文案库中。标题文案库可以按照短视频创作者自己的喜好创建模板、格式和选择记录方式，具体不受限制。

第 5 章

爆款文案：
增加视频关注量

所谓爆款文案，是指能够使短视频的点击量、点赞量、播放量等各项数据都升高，使短视频的内容成为受众热议话题的文案。爆款文案是短视频文案的最高追求。本章将介绍一些撰写爆款文案的技巧。

5.1 爆款文案的打造技巧

文案最基本的目的是吸引受众观看视频，而更深层次的目的则是增加短视频的关注量，让短视频成为热门视频，这也是文案转化为爆款文案的一个过程。那么，短视频创作者应如何打造爆款文案呢？本节将介绍一些爆款文案的打造技巧。

值得注意的是，这里所说的文案是包括标题文案、画面内容、口播台词、字幕文案等在内的所有文字表达。

5.1.1 用幽默制胜

在网络平台中，流行着这样一句话："笑是生活的解药"。在高压、快节奏的生活环境下，短视频更多的是一个为人们提供释放压力、寻求快乐的出口，因此幽默在短视频竞争中是制胜的法宝。

短视频创作者在撰写爆款文案时，可以融入幽默。幽默文案的形式有很多，包括幽默段子、谐音梗、冷笑话、土味情话等，最常见的是谐音梗。例如，"人生无常，大肠包小肠"，是指世事难料，在视频中用于表达一些尴尬、社会性死亡的场面。

5.1.2 表达情感

情感是最容易触及人心的事物，所有关于情感的话题和事件都很容易得到受众的关注或引起共鸣。因此，短视频创作者可以在文案中多描述情感，聚焦亲情、爱情和友情来撰写文案。

表达情感的文案撰写有以下3个技巧，如图5-1所示。

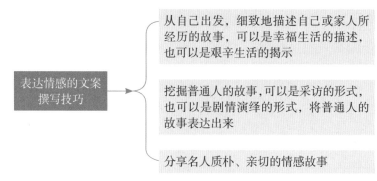

图 5-1 表达情感的文案撰写技巧

5.1.3 有场景感

短视频创作者可以让文案带有场景感，从而实现爆款文案。有场景感是指文字描述给人一种身临其境之感，让受众在看到文字时，仿佛就置身于短视频创作者所描绘的那个场景中，从而对短视频内容心向往之、心生喜爱。

有场景感的文案撰写技巧有以下几个。

1. 多用比喻

当短视频创作者想要描述一个事物时，可以多用生动、有画面感的比喻来描述。例如，要形容重庆的夏天十分闷热时，可以说"像是包裹着一层保鲜膜在身上，闷得人喘不过气"，受众在看到这个描述之后，很容易就能体会到那种热得让人很压抑、很难熬的感受。图5-2所示为运用比喻的短视频文案。

图 5-2　运用比喻的短视频文案

需要注意的是，短视频创作者在运用比喻时，尽量选择比较常见的、一般人都比较熟悉的事物作为喻体，这样更容易唤起短视频创作者的场景联想。

2. 多用动词

在爆款文案的描述中，使用不同的词性对于产生场景感的效果是不同的，最为有效的就是动词，其次是名词、形容词和副词。因此，短视频创作者在撰写文案时，应该有意识地用动词来描述。

例如，描述一个小女孩走过一摊泥水的场景，可以说"只见小女孩双手提起裙角，踮起脚小心翼翼地绕过那一滩泥水"，受众在看到这个文案时，会容易在脑海中浮现出小女孩如何小心翼翼地绕过泥水的场景。因为"提、踮、绕"3个动词很细致地将画面刻画了出来。图5-3所示为多用动词的短视频文案。

图 5-3　多用动词的短视频文案

3.用词准确

短视频创作者在撰写文案时，要不断地锤炼词句，直到找出最准确的用词来描述某个事物。人们耳熟能详的名句"幸福的家庭都是相似的，不幸的家庭各有各的不幸"，就曾经是列夫·托尔斯泰费了好大工夫写出来的。由此，要想使写出来的词句打动人，就得多下功夫、不厌其烦地去找到那个最贴切内容的词汇进行描述。

例如，OPPO手机的经典广告词"充电5分钟，通话2小时"，就恰到好处地描述了OPPO手机高续航的特点，比起单纯的"高续航"3个字或是用实验数据来描述，结合场景的这句广告词更清晰、更有说服力，让受众更容易理解，从而达到宣传的目的。

4.观察细节

有场景感的文案是指文案所描述的事物、事件能够让受众清楚地领会到，因此需要在文案中描述更多的细节，而细节的捕捉需要短视频创作者多观察。例如，描述一双手，就需要短视频创作者从手的整体印象，包括手指数量、胖瘦、颜色等，和从手的观察细节，包括指甲的颜色、纹路、痣的数量、皮肤状况等方面去描述。

观察细节这一技巧要求短视频创作者在生活中养成细致观察的习惯，带着像摄影机拍下的清晰画面一样的习惯，去撰写文案。

5.1.4 给出利益

给出利益是指在文案中说明受众观看短视频后能获得的好处，这是利用人都有想要追求进步的心理。短视频创作者在撰写文案时，直接给出利益，能够让受众有获得感，从而对短视频产生兴趣，并推动短视频上热门。

短视频创作者可以在文案中直接说明这是一个关于什么的短视频，如"看完这期视频，你将获得穿搭的秘诀""想要迅速提高口语表达能力，这5部纪录片一定要看""25岁，存款6位数的方法"。图5-4所示为给出利益的短视频文案。

图5-4 给出利益的短视频文案

5.1.5 有吸引力

有吸引力的文案能够迅速吸引受众的注意，让人看一眼就能立马对短视频的内容产生兴趣。短视频创作者要想写出有吸引力的文案，可以掌握以下几个技巧。

1.点明目标受众

点明目标受众是结合短视频选题的内容将目标受众的特征描述出来，直接告诉受众这一内容适合什么样的人群观看。例如，短视频的内容是关于适合25岁人群的人生建议，那么短视频创作者在撰写文案时，可以写"25岁之前，你一定要明白这些"。这一文案可以让未满25岁的人群产生兴趣。图5-5所示为点明目标受众的短视频文案。

图 5-5　点明目标受众的短视频文案

2. 抛出一个问题

短视频创作者在撰写文案时，尤其是标题文案，可以采用提问的方式向受众抛出一个问题，然后吸引受众进行回答。例如，在穿搭分享类短视频中，可以写"清新风和轻熟风，你更喜欢哪一套，欢迎在评论区留言"类似提问的文案，引导受众观看完视频后在评论区留言互动。

3. 制造反差感

制造反差感是通过撰写超乎常规思维的文案来吸引受众的，能够给受众带来惊喜感，从而吸引受众的关注。短视频创作者可以掌握以下3个技巧来制造反差感。

（1）采用对比反差：是指短视频创作者在撰写文案时，借助对比来提出一个反常理的观点，如为什么00后比90后更具有幸福感？

（2）采用认知反差：是指短视频创作者在撰写文案时，先提出一个问题，然后给予赞同，接着再提出反认知的观点，最后结合案例进行详细说明。例如，"重力可以让水从水杯里溢出来对吗？对的，但是这样做有重力水也不会溢出来。"

（3）台词设计：是指短视频创作者在设计人物的台词文案时，可以让人物先用最硬气的语气说出硬气的话语，然后在关键处转折改为温柔的话语，给受众一种出乎意料的观感。例如，女朋友询问男朋友可以买个新包吗？男朋友先是态度坚决地回答"不"，然后大喘了一口气说"不，一个包怎么能够呢？"

4. 使用高情绪词

高情绪词是指一些涉及亲情、爱情、友情的情感类文字。在短视频文案中，使用高情绪词能够起到唤醒受众的作用，让受众很快地对短视频的内容产生兴趣。

例如，涉及亲情的话题，"我们渴望去远方，也思念着故乡。"涉及友情的话题，"如何看待朋友都是阶段性的？"涉及爱情的话题，"频繁和异性聊天会产生爱情的错觉吗？"在这些文案中，"思念故乡""阶段性的朋友""和异性聊天"都属于高情绪词。

5.1.6 留下悬念

留下悬念是指在文案中留下一些未解决的谜团，让受众想要忍不住观看完视频，或者关注短视频账号等待更新。短视频创作者在文案中留下悬念，通常会使用一些吸引人的词汇，如"我以为……结果……""我终于知道为什么……""难怪……""万万没想到……""这样做反倒……""欲知后事如何，请看下集揭晓"等。图 5-6 所示为留下悬念的短视频文案。

图 5-6 留下悬念的短视频文案

5.1.7 设置互动

就抖音而言，爆款文案的实现机制是抖音算法的流量推荐，而系统给出流量推荐的原则是转发量优先，其次是评论量和点赞量。因此，短视频创作者撰写爆款文案时，应引导受众积极地进行短视频的转发、评论和点赞。

一般来说，引导的技巧是设置互动。短视频创作者可以在标题文案、口播台词、字幕文案中设计一些问题，如"你们对优雅这个词是怎么理解的，欢迎在评论区留言"。图5-7所示为设置互动的短视频文案。

图 5-7　设置互动的短视频文案

5.1.8 套用模板

短视频创作者也可以套用爆款文案的写作模板来撰写文案，从而提升文案写作的效率。爆款文案模板的公式为"吸引眼球+塑造预期+干货分享+启发价值"。

下面以"一禅小和尚"的某一个视频（见图5-8）为例，详细说明模板的运用方法。

（1）吸引眼球："一禅小和尚"的视频在文案标题中给出了"一个人在不在乎你，你回头看看，答案全在细节里"的观点，让看到这个标题的受众不禁好奇，想要进一步了解这个观点是如何得出的，从而吸引受众的眼球。

图 5-8 "一禅小和尚"的视频示例

（2）塑造预期：该条视频在开头抛出了一个问题，"什么样的感情会让人失望到极致"。这个问题看似与标题文案中"在乎与否"观点相关性不大，但能够让人期待这个问题的回答，以此获得认同感或新的认知。

（3）干货分享：在这个视频中，干货分享就是对开头提出的问题进行回答。视频中老方丈关于这个问题给出了"在感情中其中一方明知故犯地做你不喜欢的事、接触你不喜欢的人、你生气时对你爱答不理、不在意你的敏感和难过"4个要点和"某一方明明什么都知道，却什么也不做"的总结式回答。受众在看到这个文案时，容易自我代入，想象自己在爱情中有没有遇到这些情况，然后产生共鸣感。

（4）启发价值：在干货分享中可能对开头提出的问题回答得不够细致，在这一步骤中可以进一步升华。该视频中，小和尚进一步提问"有这些问题的人后悔了来找你原谅呢？"老方丈进一步回答"对于反复伤害你的人不值得相信，因为得到的结果只能是自己非常容易被骗"。当受众看完视频后，会在小和尚和老方丈的对话中得到问题的答案和满足预期。

因为"一禅小和尚"的短视频内容多数以情感话题为主，因此在吸引眼球和塑造预期中主要是用提问的方式来实现的。短视频创作者在撰写爆款文案时，需要结合自己的短视频内容来套用模板。

5.2 爆款文案的写作公式

如果短视频创作者有一定的网感，就不难看出大多数的爆款文案都是有一定的写作规律的，通过分析爆款短视频可以很容易发现规律。笔者通过对爆款短视频的分析总结出以下3个写作公式，本节将详细介绍。

5.2.1 问题+故事+观点

"问题+故事+观点"这个公式是指短视频创作者先用提问法提出一个问题，吸引受众，然后用讲故事的形式结合具体的案例来论证这个问题，最后再表达个人观点和引导受众互动。

例如，某个情感口播短视频创作者在视频的开头先是提出了一个问题，"你知道咋能看出来一个人对爱情有没有责任感吗？"然后讲述他一个女生朋友的爱情故事，接着再提出"我们在爱情当中有享受快乐的权利，也有承担让伴侣双方更好、更亲密的义务，承担义务的代价需要承受很多委屈和眼泪，这些委屈和眼泪就是一个人对爱情的责任"。

短视频创作者在运用这个公式时，重点在于讲述故事，因为提出问题和阐述观点，可以就任意一个问题发表自己的看法，每个人的观点都是独特的，足以吸引受众。但讲述故事需要结合问题，并融入问题进行回答。

短视频创作者需要掌握以下3个讲故事的技巧，如图5-9所示。

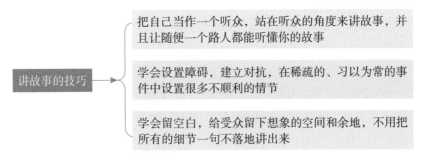

图 5-9 讲故事的技巧

就设置障碍来说，短视频创作者可以把一件习以为常的事件作为故事蓝本，如"每天早晨坐公交车去上班"对于短视频创作者来说是一件很平常的事，作为故事讲述出来，加入障碍，如"我和以往一样早上坐公交车去上班，但是今天的车上人很多，而且路上还很堵，导致我迟到了"，把"车上人很多""路上还很堵"作为障碍，让听故事的受众觉得故事有起伏、比较丰富。

在留空白上，短视频创作者可以不用直白地讲述，如故事为"一个人去请教智者，询问如何拒绝别人"，智者没有直接回答他，而是问了他另一个问题"你要不要喝杯茶？"那人想了想，自己也不口渴便回答道"不了，我不渴"。那人再次询问应该如何拒绝别人，智者答道"你不是已经有答案了吗？"在这个故事中，答案并没有像问题那样呼之欲出，而是较为隐晦地表达了出来，留给受众一些思考的空间，发人深省。

5.2.2　结果+证明+观点

"结果+证明+观点"这个公式是指短视频创作者在开头先说出事件的结果，然后对这个结果进行验证，最后给出独到的见解和观点。

例如，短视频创作者在视频的开头提出一个结果"听说女生都很抗冻"，然后用采访的形式采访几个在雪天穿裙子的女生来论证这个结果，其中可以设置反转，让女生在没有外露的皮肤上贴满暖宝宝，以此反证结果的错误，得出并非所有的女生都抗冻，大多数女生采取了保暖措施的观点。

在套用这个写作公式时，证明的过程可以设置反转，以增加故事的幽默性和看点。需要注意的是，短视频创作者在表达观点时，尽量给出独到的、出乎人意料的观点，给受众一些惊喜感，从而增加短视频的关注度。

5.2.3　冲突+问题+答案

"冲突+问题+答案"这个公式是指短视频创作者可以先制造一个冲突，然后提出与冲突有关的问题，之后再给出答案。在这个公式中，提出问题和给出答案可以针对短视频内容来撰写，制造冲突则有一定的技巧，需要运用一些巧思，如短视频创作者在描述一次看病的趣事时写道，"有一天，去医院看检查结果，医生语重心长地看着我说'怎么才来呀，再晚我就下班了'"。

这个文案中借助迟到的"晚"和重病无法治疗的"晚"是同一个字来制造冲突，让人看完后哭笑不得。此外，短视频创作者也可以运用反义词来制造冲突，如"明明是晴天，我却觉得是下雨天""外表格外热情，内心冷若冰霜"等。

5.3　将爆款文案转化为视频

因为在短视频中，文案与视频是息息相关的，视频的画面、形式等都会对文案产生影响，因此爆款文案的打造离不开短视频的制作。短视频创作者要想快速创作出爆款文案和视频，可以巧妙地运用工具实现图文成片。本节将介绍使用剪映App实现图文成片的操作方法。

5.3.1 输入文字生成视频

在剪映App中，可以使用"图文成片"功能实现爆款文案转化为短视频，只需要输入文字，系统便可以智能匹配素材生成文字。具体的操作方法如下。

步骤01 在剪映 App 的首页，点击"图文成片"按钮，如图 5-10 所示。

图 5-10　点击"图文成片"按钮

图 5-11　点击"完成编辑"按钮

步骤02 进入"编辑内容"界面，输入文字标题和正文，点击"完成编辑"按钮，如图 5-11 所示。

步骤03 点击"生成视频"按钮，如图5-12所示。

步骤04 稍等片刻，即可智能生成视频，如图5-13所示。短视频创作者可以根据自己的需求，点击"导入剪辑"按钮，进行视频精剪；或者直接点击"导出"按钮，导出并保存视频。

图 5-12　点击"生成视频"按钮

图 5-13　生成视频

5.3.2 粘贴链接生成视频

在剪映App的"图文成片"功能中，还可以使用粘贴链接实现爆款文案转化为短视频。具体的操作方法如下。

步骤01 在剪映App首页，点击"图文成片"按钮，如图5-14所示。

步骤02 进入相应的界面，点击"粘贴链接"按钮，如图5-15所示。

步骤03 在弹出的选项框中粘贴从今日头条中复制的文章链接，点击"获取文字内容"按钮，如图5-16所示。系统在获取文字内容时，会判断出文章的字数是否超限。如果字数超限，则会弹出"字数超限"提示框，如图5-17所示，此时需要短视频创作者精简内容。

图 5-14 点击"图文成片"按钮

图 5-15 点击"粘贴链接"按钮

图 5-16 点击"获取文字内容"按钮

图 5-17 弹出提示框

步骤04 删减内容后，点击"生成视频"按钮，如图5-18所示。稍等片刻，即可智能生成视频，如图5-19所示。短视频创作者可以选择导入剪辑进一步精剪视频或者导出视频。

图 5-18 点击"生成视频"按钮

图 5-19 生成视频

　　需要注意的是，粘贴链接生成视频的方法仅限于今日头条App的文章链接，因此短视频创作者需要提前在今日头条App中发布文案并生成链接，以做好准备。粘贴链接的方法适用于大批量的台词文案输入，可以节省短视频制作的时间。

【口播篇】

第6章

口播视频：
让内容打动人心

　　在短视频创作领域，口播视频是最常见的内容创作视频，主要以文案输出、内容表达为主。对于短视频创作者来说，口播视频是短视频中制作门槛最低、技术水准要求也较低的一个竞争赛道。本章将带领读者认识口播视频。

6.1 认识与创作口播视频

口播视频是由电视播音员进行图像播报新闻的播音活动演变而来的视频形式，与新闻播报一样，口播视频的制作门槛很低，大多数情况下，只需要一个人、一个摄像头和一段文字即可制作成视频。本节将带领读者认识与创作口播视频。

6.1.1 两大形式

在短视频领域，口播视频是一条重要的短视频创作赛道，可以分为真人出镜和非真人出镜两大口播视频形式，具体介绍如下。

1. 真人出镜

真人出镜口播视频形式是指真人会通过镜头出现在画面中，或分享好物，或表达观点的口播视频。其包括以下几种类型，如图6-1所示。

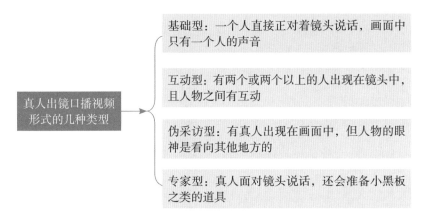

图 6-1 真人出镜口播视频形式的几种类型

2. 非真人出镜

非真人出镜口播视频形式是指真人不会在镜头面前露脸，只出现声音的口播视频。这种形式的口播视频有以下3种类型。

（1）素材配音口播视频：是指短视频创作者对一些图片或视频组成的素材视频进行配音。在这类口播视频中，重点是声音和文案的呈现，素材视频的形式不受限制，可以是短视频创作者随手拍到的美景、美食和美人，如图6-2所示。

（2）头套设计口播视频：是指短视频创作者在戴着头套不露出人脸的情形下，出镜于短视频画面中，进行观点输出或好物分享。在这类口播视频中，短视频创作者通常以独到的观点输出为重点，借助观点来吸引受众，如图6-3所示。

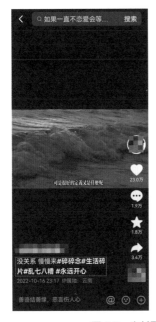

图 6-2 素材配音口播视频示例

图 6-3 头套设计口播视频示例

（3）虚拟形象口播视频：是指短视频创作者设计出一个动漫形象、虚拟人设等作为短视频画面的主角，借此输出短视频内容，示例如图6-4所示。

图 6-4　虚拟形象口播视频示例

6.1.2　3种类型

从口播视频的创作技巧上看，口播视频大致可以归纳为采访类、演说类和自拍类3种类型，具体介绍如下。

1. 采访类

采访类口播视频又称为问答类口播视频，通过一问一答的形式进行内容创作。这类口播视频以一个人提问、一个人回答为主要形式，通常提出的问题多数是受众感兴趣的，针对问题给出的回答会给人一种共鸣感。

在各大短视频平台中，比较受欢迎的采访类口播视频是关于情感话题的探讨，尤其是爱情话题的探讨。做这类口播视频的创作者多数以闺蜜的口吻、营造轻松的聊天氛围来分享观点，从而引起受众的关注。

2. 演说类

演说类口播视频是指短视频创作者以讲、演、说的形式来分享观点的口播视频。这类口播视频会营造一个特定的场景，如安排一个演讲的场所，在会议厅里分享经验；又如设置一个教学场景，以教学和科普的形式分享知识点。

演说类口播视频还包括一种不完全意义上属于演说形式的口播视频，就是人物剧情演绎。在人物剧情演绎口播视频中，有两个或两个以上的人物会出现在画面中，进行或真实，或虚构的故事演绎。

3. 自拍类

自拍类口播视频多数是真人出镜视频，由短视频创作者自己用前置镜头来录制视频分享内容。这类口播视频形式通常以第一人称视角，向受众传达观点、分享好物等。自拍类口播视频有以下几个优势，如图6-5所示。

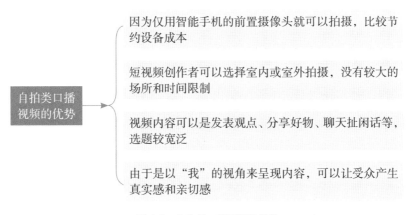

图 6-5　自拍类口播视频的优势

6.1.3　准备工作

口播视频的3个基本要素是话题、人物和设备，制作口播视频的准备工作可以从这3个要素入手，确定好这3个要素就能够成功制作出口播视频。下面将以这3个要素为主来详细介绍口播视频的准备工作。

1. 选好话题

话题是口播视频的核心内容，因此制作口播视频时应首先选好话题。话题的选择与口播视频创作者的账号定位有关，如知识技能分享、美景美食分享、针对问题发表看法等，口播视频创作者需要结合自身的账号定位去选择。

一般来说，口播视频创作者选择的话题内容和形式可以多种多样、不受限制，但前提是其选择的话题能够清晰地传达给受众。简而言之，就是所表达的观点或看法能够让受众理解，因此口播视频创作者选择话题应注重话题的可解读性。

如果口播视频创作者想要制作出来的口播视频被更多人关注，则需要在选择话题时注意以下几个事项，如图6-6所示。

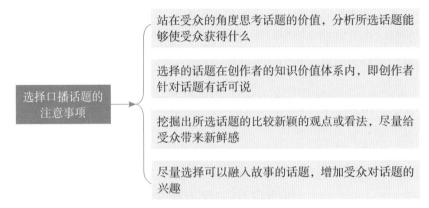

图 6-6　选择口播话题的注意事项

2. 确定人物

话题主要依靠人物传达出来，因此人物的选择对于话题的呈现很重要。确定人物可以从以下几个方面入手，如图6-7所示。

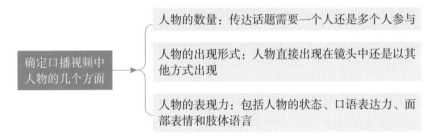

图 6-7　确定口播视频中人物的几个方面

3. 熟悉设备

口播视频的拍摄对于设备的要求不高，只需一部智能手机即可完成。通常情况下，尤其是在人物台词较多的情况下，拍摄口播视频会在剪映App中使用"提词器"功能来拍摄，因此需要口播视频创作者熟悉设备。具体的使用剪映App"提词器"功能的操作方法会在后面的章节中详细介绍，此处先简单进行了解。

此外，口播视频创作者还可以做足选好拍摄场所的准备，选择室内或室外拍摄。在室内拍摄时，注意保持光线充足；在室外拍摄时留意天气状况，选择合适的天气。

6.1.4　撰写脚本

脚本是所有视频拍摄的核心，在口播视频中同样重要。或许，读者经常听到有些创作者在口播视频中提到"这期视频没有脚本，只是一时兴起"，这样的创作者要么是制作视频的经验非常丰富，仅在心里想了大概的脚本提纲就可以把视频制作出来；要么是想迫切地让受众看到视频的通用话语。

对于口播视频创作者新手来说，在拍摄视频之前还是要先撰写脚本比较稳妥。撰写口播视频脚本的技巧如下。

1. 整体思路

在口播视频中，撰写脚本的通用整体思路是"问答式"：先提出问题，再给出解决方案。例如，提出问题：故事的结局到底重不重要？解决方案：与其纠结故事的结局到底重不重要，不如好好享受故事发生时的每一个过程。

在分享好物或介绍产品的口播视频话题中，撰写脚本的整体思路可以在提出问题之后，引出产品或服务，然后再明确解决方案。例如，提出问题：有什么办法可以淡化眼角的细纹？引出产品或服务：××眼霜。明确解决方案：我身边的朋友用了3个月，真的有效果。

2. 优化内容

优化内容是指将口播脚本的整体思路用口语化、具象化的文字表述出来，如图6-8所示。

口播视频脚本

今天给大家分享一个如何快速和陌生人打交道的技巧。

对于社恐人来说，单独和陌生人打交道就像是处在零下20度的环境，整个空气都是凝固的，就想随时找个地缝钻下去，尴尬的程度不止一点点。

但人生活在世界上，无论是在生活中，还是工作中，都免不了是要跟陌生人打交道的。

虽然不能避免，但是我们可以掌握一些小技巧来缓解尴尬，至少让你先不用着急找地缝。

当你新认识了一个朋友，不得不要跟陌生人聊天的时候，你可以用电影来开启话题，询问对方"你近期看过的、比较有印象的电影是什么？"然后根据他所说的电影找到共同话题。要是对方说"近期没有看过什么电影"。那么你继续说，"那你可以推荐一部你认为好看的、有意义的电影给我"，然后对方就会开始思索，接着给你推荐电影，根据电影就能打开话匣子了。

因为电影是很大众的，不管对方的身份、年龄是什么，总有看过的电影，没有喜欢的也有印象深刻的，所以这个和陌生人破冰的方法适用于所有人，线上或线下都可以。

图 6-8　优化口播视频脚本内容示例

优化口播视频的脚本内容相当于写作一篇演讲稿的逐字稿，把要说的话写出来，可以细致到停顿、重音、用什么情感等，从而让口播视频呈现出更好的效果。

需要注意的是，口播视频创作者在优化脚本内容时，要有代入感，站在受众的角度思考，这样的分享对受众来说是不是有帮助的、表述能够引起受众的共鸣等。

3.反复打磨

当口播视频创作者把脚本内容写出来之后，还需要反复打磨，一是通过诵读的方法，查看语句是否通顺、是否存在错别字、是否能够被受众所理解、是否有代入感等，若是存在问题，在拍摄之前进行修改；二是找朋友帮忙看脚本，询问他们的感受，虚心听取建议。

6.1.5 进入拍摄

无论哪种形式的口播视频，其拍摄设备都可以使用智能手机，只不过对于剧情演绎类的口播视频来说，可能需要有拍摄者帮助拍摄。在口播视频的拍摄过程中，创作者需要注意以下3个事项，如图6-9所示。

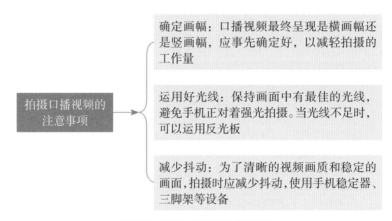

图 6-9　拍摄口播视频的注意事项

6.1.6 后期剪辑

后期剪辑是指对口播视频的画面进行升级。具体来说，口播视频的后期剪辑包括以下3项工作。

（1）镜头挑选：在口播视频的拍摄中，难免有多余的镜头，此时创作者需要进行挑选，修剪删除部分画面。

（2）视频变速：通常情况下，口播视频的时长会控制在30秒或40秒，但拍摄时可以不受时间的限制，因此在剪辑视频时，创作者需要对视频进行变速处理。

（3）视频包装：以口播视频呈现出更好的观感为目的，主要对以下4个方面进行处理，如图6-10所示。

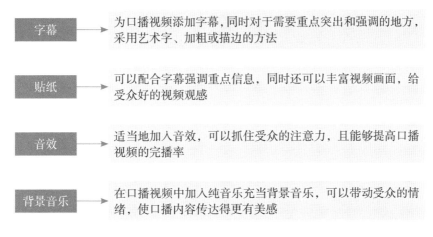

图 6-10　对口播视频进行包装的 4 个方面

6.2　写作口播文案的流程

口播视频创作者要想打造出优质的口播内容，从来都不是一蹴而就的，就口播文案的写作来说，应该奠定好基础、踏踏实实地用心创作。本节将详细介绍写作口播文案的流程，为创作者在制作优质口播视频的路上助力。

6.2.1　明确主题

主题是口播文案的核心，只有明确主题才能写出口播文案的内容。口播视频创作者应根据已经确定好的话题去构思内容，如针对有效沟通去发表看法。无论是什么话题，口播视频创作者需要把自己的所思所想用文字记录下来，所记录的内容就是口播文案的主题。

在明确主题期间，先不用注重话语的逻辑、字数和具体内容，口播视频创作者应大胆地、毫无保留地将自己的想法撰写出来。如果想法太琐碎、不容易记录，可以使用讯飞语记工具将话语转化为文字。

例如，针对有效地沟通这一个话题，口播视频创作者想表达有效沟通的重要性，那么可以把这部分内容用讯飞语记工具记录下来，然后转化为文字。被记录下来的内容就是口播文案的主题。

6.2.2　提炼内容

在明确主题的步骤中，口播视频创作者所做的工作相当于是广撒网收获了各式各样的鱼，但哪些鱼的品种好、价值高还需要进行识别和挑选。提炼内容就是对所有口播视频创作者关于口播话题的所思所想进行识别和挑选。

具体而言，在这一步骤中，口播视频创作者所要做的工作有以下几项，如图6-11所示。

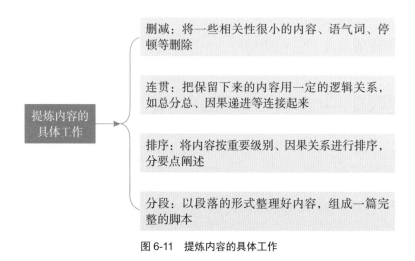

图 6-11　提炼内容的具体工作

6.2.3　重读修改

口播视频创作者在提炼内容阶段会收获一篇完整的脚本初稿，此时可以放松一阵，把初稿静置1～2天，然后再认真地研读，进一步润色、优化初稿。在重读修改阶段，口播视频创作者可以从以下两个方面入手。

（1）整体上：在静置了一段时间后，口播视频创作者需要耐心地把脚本初稿从头至尾读下来，查看是否有主题与内容不相符、案例不够鲜明、观点不够有说服力等问题，若存在问题，及时修改。

（2）细节上：口播视频创作者需要斟酌一些句子、字词是不是错误的，是否有更合适、更具有吸引力的表达，细致地修改润色脚本，以达到最佳效果。

6.2.4　朗读训练

口播文案的写作最终是要口头表达出来的，因此口播视频创作者将脚本内容整理并完善好后，还要进行朗读训练，即大声、反复地朗读脚本，用朗读的方式把脚本内容熟悉好、读顺。在朗读脚本的过程中，如果发现太书面化的语言不好表达，可以对内容进行精简。

6.3　爆款口播文案的精髓

写作口播视频文案的目的在于打造爆款口播文案，而打造爆款口播文案的精髓在于文案内容是否包含有价值、有观点、有故事、有逻辑、有表现力5个要点之一。本节将具体介绍爆款文案的5个要点。

6.3.1　有价值

有价值是指口播文案能够为受众带来什么。无论什么类型的口播爆款视频，其文案内容都是向受众传达有效的信息或使受众获得精神满足，因此口播视频创作者打造爆款口播文案的精髓之一是有价值。图6-12所示为有价值的爆款口播文案示例。

图6-12　有价值的爆款口播文案示例

6.3.2　有观点

有观点是打造爆款口播文案的重要法宝，尤其是对于知识分享类的口播视频创作者来说，表达观点就是一个有效的吸引点，能够让所制作的口播视频迅速获得热门关注。例如，近期的热门动画《中国奇谭》中有一个故事的写意性和抽象性极强，大多数观众在看完之后都有各自的想法，但更多的是疑问，有些口播视频创作者便借此制作出解读视频，分享自己的观点，吸引受众的关注。

图6-13所示为有观点的爆款口播文案示例。

图 6-13　有观点的爆款口播文案示例

6.3.3　有故事

有故事也是爆款口播视频文案的制胜法宝之一，因为故事往往带有引人入胜的情节，能够让受众沉浸其中、流连忘返。因此，口播视频创作者学会讲故事，也可以让自己的口播视频更受欢迎。

6.3.4　有逻辑

有逻辑是指爆款口播文案能够具有说服力，用情与理的方式向受众传输观点、传递信息，使受众心甘情愿地看完整个视频。有逻辑的口播文案最常见的是金句的表达，因为金句通常都是凝练的、简洁的，且能够给人带来共鸣感。

图6-14所示为有逻辑的爆款口播文案示例。

图 6-14　有逻辑的爆款口播文案示例

6.3.5　有表现力

有表现力是指爆款口播视频文案能够感染人，一般通过口播视频中的人物在表达时呈现出来。这对口播视频中的人物有以下几项要求，如图6-15所示。

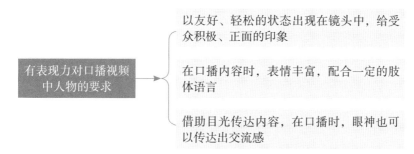

图 6-15　有表现力对口播视频中人物的要求

有表现力的爆款口播视频文案并不是说文案不起作用，人物的表情达意是建立在文案的基础上的，因此创作者还应注重口播文案的写作。

第 7 章

台词创作：
写出高质量剧本

对于口播视频而言，最大的卖点在于口播的内容。短视频创作者要想借助口播视频获得收益，应重点打磨口播视频的内容，也就是口播视频中的台词文案。本章将为读者分享创作口播视频台词文案的技巧。

7.1　套用台词文案模板

如果仔细分析已经发布过的所有爆款口播视频，就能发现这些视频中台词撰写的规律，不外乎讲故事型、制造对比型、设置悬念型、呈现数字型、设问答复型、引起共鸣型、提供利益型、营造紧迫感型和加入热点元素型9种创作模板。本节将举例分析如何借鉴这些模板来撰写口播视频的台词文案。

7.1.1　讲故事型

文学最早的范本来源于神话故事，虽然带有梦幻色彩，但无论是东方还是西方，神话故事都为人津津乐道，且经久不衰，可见故事对人的影响之大。因此，短视频创作者在口播视频的台词创作中，可以撰写故事作为内容分享。图7-1所示为讲故事型的口播视频台词文案示例。

图 7-1　讲故事型的口播视频台词文案示例

讲故事可以不限时空、题材和形式，即便是创作者流水账式地讲述所经历的生活也可以，但需要创作者设置一个引人入胜的点，能够让受众耐心看完。因为即便是平静如死水的湖面，也需要泛起涟漪才能够被人发现。

在介绍打造爆款文案的章节中，读者已经了解了讲故事的技巧，那些技巧在打造口播视频的台词文案时同样适用。在此介绍一些持续性写出好故事的方法，如图7-2所示。

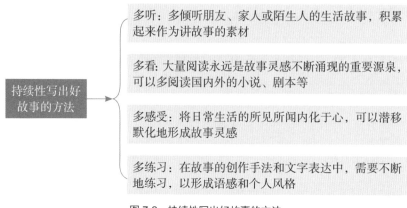

图 7-2　持续性写出好故事的方法

7.1.2　制造对比型

人们生活在巨大的社群中，很难做到忽视他人的存在，因此人与人之间难免存在比较，况且大家都追求进步，也会主动地与他人、与过去的自己进行对比。由此，短视频创作者在撰写口播视频台词文案时，可以制作一些对比，来刺激受众的感知，从而吸引受众的注意力。

在口播视频的台词文案中，对比往往是与反差感挂钩的，短视频创作者往往会借助对比来营造出反差感。因此，制造对比的技巧有以下几种，如图7-3所示。

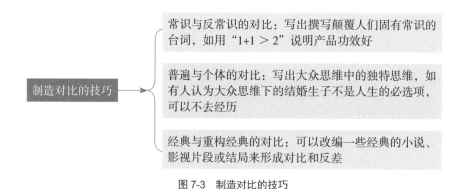

图 7-3　制造对比的技巧

此外，短视频创作者还可以借用时尚与土味的对比来撰写口播台词文案，如把老干妈辣椒酱的元素制作成卫衣举办时装秀。图7-4所示为制造对比型的口播视频台词文案示例。

图 7-4　制造对比型的口播视频台词文案示例

7.1.3　设置悬念型

设置悬念型的口播视频台词文案往往利用人们迫切地想要知道故事的走向、问题的答案、解决的办法等心理来撰写。这类口播视频台词文案通常有一些指示性的话语，如"没想到""意料之外"等，创作者可以在文案中加入这些话语。

设置悬念型的口播视频台词文案通常有以下几种撰写模板，如图7-5所示。

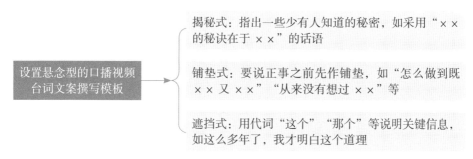

图 7-5　设置悬念型的口播视频台词文案撰写模板

7.1.4　呈现数字型

数字相较于文字来说，更具准确性，传达的信息更加直接、快捷。在口播视频台词文案中，加入数字能够给人直观感，满足人们想要快速获取信息和即得利益的需求。例如，"分享3个方法，让你停止精神内耗"这句台词文案中，"3个方法"会传达给受众一种解决精神内耗的方案很简单的信号，于是吸引受众观看完视频。

图7-6所示为呈现数字型口播视频台词文案示例。

图 7-6　呈现数字型口播视频台词文案示例

7.1.5　设问答复型

设问答复型口播视频台词文案是指假设一个问题，然后进行回答。这类台词文案的目的主要是为了表达观点，重点在于答复。在比较受欢迎的口播视频中，设问答复型的台词文案往往观点新颖，对人有所启发。

设问答复型口播视频台词文案的撰写技巧有以下几个。

（1）选择创作者感兴趣且受众比较关心的话题来设置疑问，如"人生的意义是什么"，关于人生意义的探寻是人类永恒的话题，以此发出疑问，然后进行回答。

（2）反向思考这个问题，给出与大多数人不一样的答复，如"人生的意义是无意义"，给出与常人不一样的思考，然后把思考过程讲述出来论证这个答复。

（3）条理清晰地表达观点，如"第一，人从细胞成长为有独立思想的个体，对于所要发生的一切都是未知的，找寻人生的意义没有验证的标准；第二，人的生命是短暂的，从某种程度上来说，只是短暂地停留于世界，追求一个没有答案的意义是不值得的；第三，人所看到的美景、吃到的美食、接触到的人都是值得我们珍惜的，而珍惜这些远远比找寻人生的意义更重要"。

7.1.6　引起共鸣型

有情感是人区别于动物的最大特征，所以情感话题是只存在于人与人之间的讨论话题，往往最能激发人的同理心和共鸣感。引起共鸣型的口播台词文案就是围绕情感来展开的。

我们在看电影、小说或是听音乐时，能够被打动，是因为其中的某一个情节、某一个人物或某一句歌词与我们自身的经历相同或相似，从而引起了我们的共鸣。撰写引起共鸣型的口播台词文案也一样，通过设计出一些能够引起人共鸣的情节或话语，激发有相同经历的受众。

图7-7所示为引起共鸣型的口播台词文案示例。

图 7-7　引起共鸣型的口播台词文案示例

在撰写引起共鸣型的口播台词文案时，可以借鉴以下几种句式来表达。

（1）询问式：询问受众是否有相同的经历，如"不知道你是否和我一样，正经历着××"。

（2）归类式：将受众归为一类人，然后分享内容，如"我们都是××，只是因为××"。

（3）点醒式：用过来人的口吻分享经验，如"别以为你××，就可以××"。

7.1.7 提供利益型

人往往都会有利益趋向的心理，在付出的同时期待着收获。因此，在口播视频台词文案的撰写中，提供一些利益会更容易吸引受众。具体而言，创作者可以参考以下模板来撰写提供利益型的口播视频台词文案，如图7-8所示。

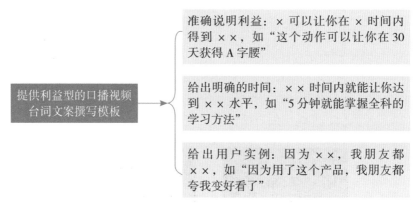

图 7-8　提供利益型的口播视频台词文案撰写模板

7.1.8 营造紧迫感型

营造紧迫感型的口播视频台词文案是利用受众害怕失去的心理来实现高关注度。因为好看的、好玩的、性价比高的东西是稀缺的，每个人都想拥有，所以限时限量在一定程度上能实现资源的公平分配。营造紧迫感则是在口播视频文案中表明某一事物限时限量，然后引导受众赶快关注。

营造紧迫感型的口播视频文案在打折、促销的商品售卖中比较常用，通常采用以下几种话语。

（1）××（节日活动）××（事件）即涨，如"中秋活动月饼优惠最后两天，两天后价格即涨。"

（2）××（节日活动）限购××（数量），如"蘑菇原价5元，优惠价2.5元，限购5份。"

（3）××（优惠活动）倒数××（时间），如"店内清仓最后两天"。

图7-9所示为营造紧迫感型的口播视频台词文案示例。

图 7-9　营造紧迫感型的口播视频台词文案示例

7.1.9　加入热点元素型

热点元素是互联网广泛发达的产物，受到了大多数网络从业者包括视频创作者的追捧与青睐。加入热点元素型的口播视频台词文案则是追捧热点的结果，能够快速吸引到受众的关注，图7-10所示为加入热点元素型的口播视频台词文案示例。

图 7-10　加入热点元素型的口播视频台词文案示例

需要注意的是，创作者在套用加入热点元素型的口播视频台词文案模板时，不能一味地追求热度，应坚守一定的底线。当热点涉及负能量的传播、触及人的道德底线、毁坏人的三观、散布谣言时，创作者应果断摒弃追捧。

7.2 借用工具查找台词

在抖音推出的巨量创意平台中，有很多创意工具帮助视频创作者制作视频。其中，创意工具中的"脚本工具"提供了不同行业、不同视频类型的台词文案参考，创作者可以巧妙地运用。本节将介绍具体的操作方法。

7.2.1 搜索需要的台词

在巨量创意平台提供的"脚本工具"中，口播视频创作者只需输入关键词，即可快速搜索到需要的台词。具体的操作方法如下。

步骤 01 创作者首先应在百度搜索框中输入"巨量创意"4个字进行查找，然后单击"创意工具-创意工具"网页，如图7-11所示。

图 7-11 单击"创意工具 - 创意工具"网页

步骤 02 进入到巨量创意平台的创意工具页面，可以看到登录信息的提醒，如图7-12所示。

如果创作者有账号，单击"立即登录"按钮即可，否则单击"注册"按钮，按照平台的系统提示先注册再登录。

步骤 03 登录巨量创意平台后，会进入该平台的首页。创作者可以将光标定位到"创意工具"选项的下方，可以看到详细的"素材检测""视频制作""文字工具""落地页制作"和"互动创意制作"功能，部分功能展示如图 7-13 所示。

图 7-12　登录信息的提醒

图 7-13　"创意工具"的部分功能展示

步骤04 口播视频创作者单击"文字工具"下方的"脚本工具"，即可进入"脚本工具"页面，如图7-14所示。在页面的搜索框中输入关键词，单击"搜索"按钮，即可获得所需的台词文案参考。例如，输入"奶茶"关键词进行搜索，得到了87个脚本台词推荐，如图7-15所示。口播视频创作者可以通过滚动鼠标查看更多文案推荐，选择带有"单人口播"字样的脚本进行参考。

步骤05 当口播视频创作者想要查看某个脚本的详细内容时，只需将光标定位在该选项中，然后单击即可在右侧看到完整的脚本台词文案参考。

需要注意的是，使用巨量创意平台的脚本工具搜索口播台词文案时，获得的参考结果是有限的，且仅仅起到参考的作用，口播视频创作者可以仿照其话语和逻辑进行二次创作。

图 7-14 "脚本工具"页面

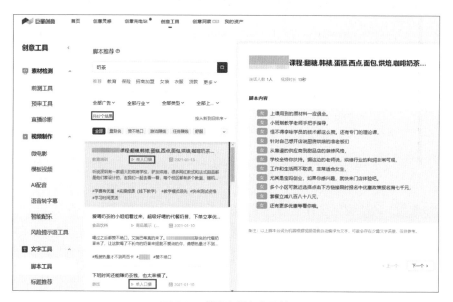

图 7-15 搜索台词文案示例

7.2.2 平台推荐的台词

　　口播视频创作者也可以直接参考平台推荐的台词，在巨量创意平台的"脚本工具"中，系统会智能推荐一些热门的、贴合大多数受众兴趣的台词。创作者参考这些台词来撰写口播视频的台词文案也是一个不错的选择。具体的操作方法如下。

步骤01 进入巨量创意的"脚本工具"页面，系统会直接展示推荐的脚本内容，如图7-16所示。其推荐的脚本内容基于7天内展现数大于500，且点击率在所属平台中位数以上，能够帮助口播视频创作者创作出带有吸引力的台词文案。

图 7-16　"脚本工具"页面推荐的脚本内容

步骤02 口播视频创作者可以用鼠标滚动进度条，单击"更多脚本"按钮，如图7-17所示，以获得更多脚本推荐。

图 7-17　单击"更多脚本"按钮

7.2.3 根据行业生成台词

巨量创意平台中的"脚本工具"提供了多种行业选择，口播视频创作者可以结合自己视频选题的所属行业选择台词进行参考。具体的操作方法如下。

步骤01 在巨量创意的"脚本工具"页面中，将光标定位在"全部行业"选项的下方，可以看到"3C及电器""快速消费品""食品饮料""服装配饰""医疗""商务服务"等不同行业选项，如图7-18所示。口播视频创作者可以滚动进度条查看更多行业选择。

★ 专家提醒 ★

3C是指计算机类（Computer）、通信类（Communication）和消费类（Consumer）电子产品三者的统称，又被称为"信息家电"。

图 7-18　将光标定位在"全部行业"选项的下方

步骤02 将光标定位到所需的行业选项中，可以看到行业内的所属关键词，单击关键词即可生成脚本内容，如单击"出行旅游"中的"景点"，如图7-19所示，即可获得相应的脚本内容推荐，如图7-20所示。

用这个方法查找口播台词文案具有快速查找、节省时间的优势，适用于创作者没有创作灵感和思路时使用。但是，根据行业生成台词经过关键词的筛选之后，口播视频创作者所得到的参考内容变少了，如上述以"出行旅行"中的"景点"为关键词进行筛选后，所得到的脚本内容参考仅有6个，且能够用作口播台词参考的仅有3个，这是这个方法的不足之处。

图 7-19　单击"出行旅游"中的"景点"选项

图 7-20　获得相应的脚本内容推荐

7.2.4　根据类型生成台词

巨量创意平台中的"脚本工具"还提供了不同视频类型和台词类型的脚本内容供创作者参考，口播视频创作者可以根据类型选择台词文案参考。具体的操作方法如下。

步骤01 在巨量创意的"脚本工具"页面中，将光标定位在"全部类型"选项的下方，可以看到"多人情景剧""单人情景剧""情景演绎""单人口播""多人口播"等不同类型的脚本内容，如图7-21所示。

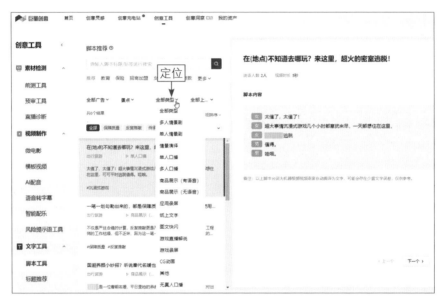

图 7-21　将光标定位在"全部类型"选项的下方

步骤02 选择所需的脚本内容类型，如单击"单人口播"，即可生成相应的脚本内容，如图7-22所示。

图 7-22　生成相应的脚本内容

在此，选择"单人口播"类型所生成的全部脚本内容都是与"景点"这一关键词相关的。如果口播视频创作者想要获得不同行业的"单人口播"类脚本内容来参考，可以将行业修改为全部行业，单击"全部行业"选项，如图7-23所示，即可获得新的脚本内容推荐。

图 7-23　单击"全部行业"选项

7.3　使用提词器拍摄视频

口播视频创作者在撰写完台词文案后，还需要将台词文案转化为视频内容。台词文案一般以人物口述的形式出现在视频中，小篇幅的台词文案可以靠视频中的人物记忆转述，但大篇幅的台词文案难以记住且耗时多。此时，在拍摄过程中，口播视频创作者可以使用剪映App中的"提词器"功能，辅助视频中的人物口述。

本节将介绍剪映App中"提词器"功能的使用方法。

7.3.1　编辑台词内容

使用剪映App的"提词器"功能，首先要编辑好台词标题和内容，具体的操作方法如下。

步骤01 在剪映App的首页，点击"提词器"按钮，如图7-24所示。

步骤 02 进入"编辑内容"界面，输入或粘贴撰写好的台词标题和内容，如图7-25所示。

步骤 03 创作者若想编辑多个台词内容，可以在编辑完上一个台词内容后，按手机自带的返回键返回到"提词器"界面，然后点击"新建台词"按钮，如图7-26所示，继续编辑台词内容。

图 7-24 点击"提词器"按钮　图 7-25 编辑台词标题和内容　图 7-26 点击"新建台词"按钮

7.3.2 拍摄口播视频

创作者编辑好台词内容后，可以直接点击相应按钮进行口播视频的拍摄。具体的操作方法如下。

步骤 01 在"编辑内容"界面，点击"去拍摄"按钮，如图7-27所示，进入拍摄视频界面。

步骤 02 在拍摄视频界面中，如图7-28所示，点击 按钮可以转换镜头；点击 按钮可以设置拍摄视频的参数。其中， 按钮表示拍摄视频前的准备时间，有无须倒计时、3秒倒计时和7秒倒计时选项； 按钮表示拍摄视频的画幅，有9：16、16：9、1：1、3：4等画幅选项； 按钮表示闪光灯； 1080P 按钮表示画质，有1080P和720P两个选项可以选择。

步骤 03 创作者还可以设置视频拍摄的焦距，点击 1x 按钮，如图7-29所示，按照需求选择1×或者2×。

图 7-27　点击"去拍摄"按钮

图 7-28　拍摄视频界面

图 7-29　点击相应按钮

7.3.3　调整提词参数

创作者在拍摄视频界面，还可以对台词进行修改并设置参数，提高拍摄视频的效率。具体的操作方法如下。

步骤 01 在拍摄视频界面中，点击 按钮，如图7-30所示，可以返回到"编辑内容"界面，对台词进行修改。

步骤 02 点击 按钮，将弹出提词参数设置框，如图7-31所示。

图 7-30　点击相应按钮

图 7-31　提词参数设置框

步骤03 在提词参数设置框中，设置"滚动速度"为35、"字号"为40，效果如图7-32所示，使提词器功能更符合拍摄需求。

图 7-32　设置提词参数效果

7.3.4　添加滤镜效果

滤镜可以让口播视频的画面更加美观，并且能够减少口播视频创作者的后期剪辑工作。下面介绍拍摄口播视频时添加滤镜效果的操作方法。

步骤01 在拍摄视频界面中，点击"滤镜"按钮，如图 7-33 所示。

步骤02 执行操作后，切换至"风景"选项卡。❶ 选择"晴空"滤镜；❷ 设置滤镜参数为 49，如图 7-34 所示，让画面更加美观。

图 7-33　点击"滤镜"　　图 7-34　设置滤镜参数
　　　　　按钮

7.3.5 添加美颜效果

美颜可以让口播视频中的人物状态更好，同时能够提高口播视频的画面美感。下面将介绍拍摄口播视频时添加美颜效果的操作方法。

步骤01 在拍摄视频界面中，点击"美颜"按钮，进入"美颜"选项区，设置"磨皮"参数为67，如图7-35所示；设置"瘦脸"参数为58，如图7-36所示，让人物看起来更有美感。

步骤02 设置"大眼"参数为65，如图7-37所示；设置"瘦鼻"参数为10，如图7-38所示，让人物看起来更有美感。

图7-35 设置"磨皮"参数　　图7-36 设置"瘦脸"参数

图7-37 设置"大眼"参数

图7-38 设置"瘦鼻"参数

温馨提示：以上使用提词器拍摄视频的相关设置随画面的变化而变化，具体的参数值设置不受限制，仅作为操作步骤的参考。

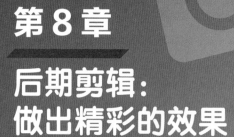

第 8 章

后期剪辑：
做出精彩的效果

后期剪辑可以弥补口播视频拍摄过程中的不足，让视频画面更加美观，从而吸引受众的关注。本章将以上一章所拍摄的《分享好书》口播视频为例，具体介绍口播视频的后期剪辑技巧，帮助读者制作出更精美的视频效果。

【效果展示】：上一章所拍摄的《分享好书》口播视频
是以知识分享为内容的真人出镜口播视频，后期剪辑的效果
如图8-1所示。

扫码看成品效果

图 8-1　《分享好书》口播视频的后期剪辑效果展示

8.1 口播视频的素材处理

运用剪映App，可以对口播视频素材进行裁剪尺寸、调整长度、改变速度、替换素材、设置背景等处理，这些简单的处理可以让画面看上去更为美观。本节将具体介绍剪映App的素材处理技巧。

8.1.1 裁剪尺寸

可以通过剪映App裁剪口播视频的画面大小，裁掉多余的背景，从而实现拉近画面来突出主体的效果。

下面介绍裁剪视频尺寸的具体操作方法。

步骤 01 打开剪映App，点击"开始创作"按钮，如图8-2所示。

扫码看教学视频

步骤 02 进入"照片视频"界面，❶选择视频素材；❷选择"高清"复选框；❸点击"添加"按钮，如图8-3所示，导入口播视频。

图8-2 点击"开始创作"按钮

图8-3 点击"添加"按钮

步骤 03 选择视频素材，或者点击"剪辑"按钮，如图8-4所示。

步骤 04 进入二级工具栏，点击"编辑"按钮，如图8-5所示。

图 8-4　点击"剪辑"按钮

图 8-5　点击"编辑"按钮

步骤 05 进入编辑工具栏，点击"裁剪"按钮，如图8-6所示。

步骤 06 ❶选择16：9选项；❷拖曳裁剪控制框，如图8-7所示，即可裁剪口播视频画面。

步骤 07 ❶在预览区域中拖曳视频，可以调整视频画面；❷点击✓按钮确认，如图8-8所示，即可应用裁剪操作。

图 8-6　点击"裁剪"按钮

图 8-7　拖曳裁剪控制框

图 8-8　点击相应按钮

8.1.2 调整长度

剪映App的"分割"功能可以对口播视频进行长度调整，从而剪辑出想要保留的精华视频片段。

下面介绍调整口播视频长度的具体操作方法。

扫码看教学视频

步骤 **01** 在剪映App中导入视频素材，点击"剪辑"按钮，如图8-9所示。

步骤 **02** 进入二级工具栏，❶拖曳时间轴至00:01的位置；❷点击"分割"按钮，如图8-10所示，将视频素材分割为两段。

图8-9 点击"剪辑"按钮

图8-10 点击"分割"按钮

步骤 **03** ❶选择分割后的第1段视频素材；❷点击"删除"按钮，如图8-11所示，删除多余的视频片段。

步骤 **04** ❶选择剩下的视频素材；❷拖曳时间轴至01:32的位置，如图8-12所示。

步骤 **05** 点击"分割"按钮，系统默认选择后半段视频素材，如图8-13所示。

步骤 **06** 点击"删除"按钮，如图8-14所示，将多余的视频片段删除。

温馨提示：使用剪映App中的"分割"功能删减视频时，可以对口播视频中的停顿、空白等不必要的画面进行删除，具体删除哪个片段以自己的口播视频为准，以上步骤仅作为操作方法参考。

图 8-11　点击"删除"按钮

图 8-12　拖曳时间轴

图 8-13　系统默认选择后半段视频素材

图 8-14　点击"删除"按钮

8.1.3　改变速度

　　剪映App的"变速"功能可以改变视频的播放速度，让画面更有动感。对于口播视频来说，在拍摄时可以放慢语速说话，然后在后期通过"变速"功能加快语速，让画面节奏更符合人们的观感。

扫码看教学视频

下面介绍改变视频速度的具体操作方法。

步骤 01 在剪映 App 中导入视频素材，点击"剪辑"按钮，如图 8-15 所示。

步骤 02 进入二级工具栏，点击"变速"按钮，如图8-16所示。

步骤 03 执行操作后，点击"常规变速"按钮，如图8-17所示。

步骤 04 向右拖曳红色的圆环滑块，调整整段视频的播放速度为1.3×，如图 8-18 所示，加快视频播放的速度。

步骤 05 点击 ✓ 按钮确认，如图8-19所示，即可应用变速。

图 8-15　点击"剪辑"　　图 8-16　点击"变速"
　　　　　按钮　　　　　　　　　　　按钮

图 8-17　点击"常规变速"按钮　图 8-18　调整整段视频的播放速度　图 8-19　点击相应按钮

8.1.4　替换素材

使用剪映App的"替换"功能，能够快速替换视频轨道中不合适的视频素材。在《分享好书》这个视频中，可以加入一些关于书的图片或视频，从而丰富视频画面。

扫码看教学视频

下面介绍替换素材的具体操作方法。

步骤01 返回一级工具栏，❶在视频的起始位置选择视频素材；❷点击"音频分离"按钮，如图8-20所示。

步骤02 稍等片刻，即可将视频的声音分离出来，系统会自动生成声音素材，如图8-21所示。

图 8-20　点击"音频分离"按钮　　　　图 8-21　生成声音素材

步骤03 返回一级工具栏，❶拖曳时间轴至00:08的位置；❷选择视频素材；❸点击"分割"按钮，如图8-22所示。

步骤04 ❶拖曳时间轴至00:12的位置；❷点击"分割"按钮，如图8-23所示，将视频分为3个片段。

步骤05 ❶选择中间的视频片段；❷点击"替换"按钮，如图8-24所示。

步骤06 进入"照片视频"界面，❶切换至"照片"选项区；❷选择所需的照片素材，如图 8-25 所示。

图 8-22　点击"分割"　　图 8-23　点击"分割"
　　　按钮（1）　　　　　　　按钮（2）

图 8-24　点击"替换"按钮（1）　　图 8-25　选择所需的照片素材

步骤 07 执行操作后，即可成功替换素材，如图8-26所示。

步骤 08 采用上述同样的方法，将00:12～00:18和00:18～00:24的视频片段替换成照片素材，效果如图8-27所示。

步骤 09 分割00:38～00:40的视频片段，效果如图8-28所示。

图 8-26　成功替换素材　　　　图 8-27　替换其他素材效果　　　图 8-28　分割素材效果

步骤10 点击"替换"按钮，如图8-29所示。

步骤11 进入"照片视频"界面，在"视频"选项区中选择所需的视频片段，如图8-30所示。

步骤12 执行操作后，点击"确认"按钮，如图8-31所示，即可替换视频片段。

图 8-29　点击"替换"按钮（2）　　图 8-30　选择视频片段　　图 8-31　点击"确认"按钮

8.1.5　设置背景

使用剪映App的"背景"功能，可以为口播视频添加背景。在《分享好书》的口播视频中可以使用该功能为照片素材设置背景样式。

扫码看教学视频

下面介绍设置背景的具体操作方法。

步骤01 返回一级工具栏，❶拖曳时间轴至第1张照片素材的起始位置；❷点击"背景"按钮，如图8-32所示。

步骤02 进入二级工具栏，点击"画布模糊"按钮，如图8-33所示。

步骤03 选择一个样式，如图8-34所示，让照片素材看起来更有美感。

图8-32 点击"背景"按钮　　图8-33 点击"画布模糊"按钮　　图8-34 选择一个样式

步骤 04 执行操作上述操作后，❶拖曳时间轴至第2张照片素材的位置；❷选择相同的样式，如图8-35所示。

步骤 05 采用同样的方法，为第3张照片素材设置背景样式，效果如图8-36所示。

步骤 06 点击✔按钮确认，如图8-37所示，即可应用背景样式。

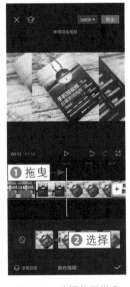

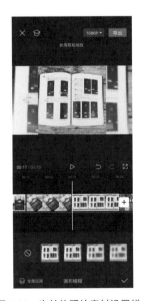

图8-35 选择相同样式　　图8-36 为其他照片素材设置样式　　图8-37 点击相应按钮

8.2　口播视频的字幕添加

剪映App的"文字"功能可以智能识别口播视频的字幕，从而实现添加字幕效果。本节将具体介绍为《分享好书》口播视频添加字幕和设置字幕的方法。

8.2.1　识别字幕

使用剪映App的"识别字幕"功能，可以为口播视频添加字幕。在《分享好书》口播视频中可以使用该功能智能生成字幕。

下面介绍识别字幕的具体操作方法。

扫码看教学视频

步骤01　返回一级工具栏，在视频的起始位置点击"文字"按钮，如图8-38所示。

步骤02　进入二级工具栏，点击"识别字幕"按钮，如图8-39所示。

步骤03　执行操作后，点击"开始匹配"按钮，如图8-40所示。

步骤04　稍等片刻，即可智能生成字幕文本，如图8-41所示。

图 8-38　点击"文字"
按钮　　　　图 8-39　点击"识别字幕"按钮　　　　图 8-40　点击"开始匹配"按钮　　　　图 8-41　智能生成字幕文本

8.2.2　设置字幕

运用剪映App为口播视频添加字幕后，可以对其进行设置，如将字幕中的文字调大字号。

扫码看教学视频

下面介绍设置字幕的具体操作方法。

步骤01 点击"批量编辑"按钮，如图 8-42 所示。

步骤02 选择字幕文本，如图 8-43 所示，即可对其进行修改。运用这个方法，可以对字幕文本中的错别字进行修改。

步骤03 点击"选择"按钮，如图 8-44 所示。

步骤04 ❶ 选择"全选"复选框；❷ 在预览区域中将字幕文本微微下移，调整其位置，如图 8-45 所示。

图 8-42　点击"批量编辑"按钮　　图 8-43　选择字幕文本

图 8-44　点击"选择"按钮　　图 8-45　调整字幕文本的位置

步骤05 点击"编辑样式"按钮，如图8-46所示。

步骤06 ❶切换至"样式"选项卡；❷在"文本"选项区中拖曳"字号"的白色圆环滑块，设置其参数为6，如图8-47所示，点击✓按钮确认，即可完成设置。

图8-46 点击"编辑样式"按钮

图8-47 设置字号参数

8.3 口播视频的配音技巧

剪映App的"音频"功能可以满足口播中添加背景音乐的需求，从而实现口播视频更好的视听效果。本节将具体介绍为《分享好书》口播视频配音的技巧。

8.3.1 添加音乐

使用剪映App的"音频"功能，能够为视频添加背景音乐。在《分享好书》这个视频中，可以加入一些纯音乐作为背景音乐，让视频更有视听美感。

扫码看教学视频

下面介绍添加音乐的具体操作方法。

步骤01 在视频的起始位置，点击"音频"按钮，如图8-48所示。

步骤02 进入二级工具栏，点击"音乐"按钮，如图8-49所示。

步骤03 进入"添加音乐"界面，❶在搜索框中输入"缓慢生活"；❷点击手机输入法中的"搜索"按钮，如图8-50所示。

步骤04 在搜索结果中，选择所需音乐进行试听，如图8-51所示。

步骤05 点击所选音乐右侧的"使用"按钮，如图8-52所示，即可将音乐添加到音频轨道中。

图 8-48　点击"音频"按钮

图 8-49　点击"音乐"按钮

图 8-50　点击"搜索"按钮

图 8-51　选择所需音乐进行试听

图 8-52　点击"使用"按钮

8.3.2　设置音乐

通过搜索歌曲名添加音乐后，可以裁剪音乐的时长，或者降低音乐的音量，让背景音乐配合视频画面出入，从而给观众以更好的视频观感。

扫码看教学视频

下面介绍设置音乐的具体操作方法。

步骤01 ❶选择音频素材；❷拖曳时间轴至视频素材的末尾位置；❸点击"分割"按钮，如图8-53所示，分割音频素材。

步骤02 系统默认选择第2段音频素材，点击"删除"按钮，如图8-54所示，即可删除多余的音频素材。

步骤03 ❶选择音频素材；❷点击"音量"按钮，如图8-55所示。

步骤04 拖曳白色圆环滑块，设置"音量"参数为50，如图8-56所示。点击✓按钮确认，即可降低背景音乐的音量。

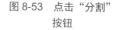

图 8-53 点击"分割"　　图 8-54 点击"删除"
按钮　　　　　　　　　按钮

图 8-55 点击"音量"按钮

图 8-56 设置"音量"参数

步骤05 完成上述设置后，可以在视频的起始位置，点击▷按钮，如图8-57所示，预览视频。

步骤 06 确认无误后，点击"导出"按钮，如图8-58所示，可以将剪辑好的口播视频导出，一般默认为导出到手机图库中。

图 8-57 点击相应按钮　　　图 8-58 点击"导出"按钮

第9章

Vlog视频：《秋日印象》

Vlog 是 Video blog 或者 Video log 的简称，是一种视频记录的方式。在口播视频中，Vlog 视频会对所记录的日常画面进行文字说明，实现影像和声音相融合的视频效果。本章将以《秋日印象》为例，详细介绍 Vlog 口播视频的制作方法。

9.1 创作脚本文案和拍摄素材

Vlog口播视频的脚本相对于其他类型的视频而言，比较自由，没有那么多限制，因为这类口播视频的内容通常是记录日常生活，所以在拍摄素材时，可以把所见所闻随时随地记录下来。

为《秋日印象》Vlog口播视频创作脚本文案主要是对后期剪辑进行指导和提供依据。拍摄《秋日印象》Vlog口播视频的素材时，可以多运用运镜技巧。本节将围绕这两个方面进行详细介绍。

9.1.1 创作脚本文案

《秋日印象》Vlog口播视频的脚本文案包含镜头脚本和台词文案，具体如下。

1. 镜头脚本

《秋日印象》这个Vlog视频的主题为秋天前往湖南省长沙市后湖景区游玩，主要内容为用Vlog的形式将游玩的经历记录下来。在拍摄人物游玩时，可以多运用一些运镜镜头，具体的镜头脚本如表9-1所示。

表9-1 《秋日印象》的镜头脚本

镜号	景别	镜头	画面	设备	备注
1	全景	左摇镜头	银杏叶	手机和稳定器	仰拍
2	近景	跟随镜头	人物走上台阶	手机和稳定器	
3	近景	后拉镜头	湖面和人物	手机和稳定器	
4	近景	横移镜头	竹叶和人物	手机和稳定器	
5	全景	上摇镜头	平静的湖面	手机和稳定器	
6	全景	前推上摇镜头	人物悠闲地坐在湖边	手机和稳定器	
7	全景	下降镜头	人物看后湖风景	手机和稳定器	
8	全景	上升镜头	人物坐在湖边	手机和稳定器	
9	全景	横移镜头	湖水流动	手机和稳定器	俯拍
10	全景	跟随镜头	人物背对镜头向前走	手机和稳定器	低角度

2. 台词文案

创作《秋日印象》这个Vlog视频的台词文案以记录为主，可以结合镜头脚本构思出一个大概的视频框架，综合时间、地点、人物及人物游玩后的感受等方面来撰写台词文案。

例如，出去游玩的时间是在秋天，可以交代一些秋天的景物和后湖特有的景色，包括树叶、天空、湖水等，重点突出风景的美。

在人物感受方面，可以结合拍摄出来的素材进行思考，如看到湛蓝的天空、平静的湖水、温柔的微风，感受到了恬静和悠闲，那么在撰写文案时，可以用比喻的方式来形容这种悠闲，如"好像小时候那样可以无所顾忌地玩耍"，这样容易引起人的共鸣。

由此，在理清思路和斟酌用字后便可以得出一个具有连贯性的台词文案，详细内容如下。

十九岁的那个秋天，在银杏还没掉完之前。

我终于赴了一场和后湖的约定。

微风徐徐，竹叶在向我招手。

水光一色，抚平了我的愁思。

一瞬间，我好像找回了小时候那种无忧无虑的感觉。

会呆呆地望着天空出神。

盯着湖面的漂浮物很久很久。

也会无所畏惧地大步向前……

需要注意的是，《秋日印象》Vlog视频的台词文案可以结合后期剪辑出的视频画面进行修改，但文案内容要尽量与画面相对应，以呈现出更好的视频效果。

9.1.2　拍摄素材

在拍摄《秋日印象》的Vlog视频素材时，主要以镜头脚本为依据进行拍摄，共有10组镜头。下面简要介绍这10组镜头的拍摄方法和注意事项，供大家参考。

1. 镜头1

镜头1是左摇镜头。拍摄这组镜头时，拍摄视频的人站立不动，镜头从右往左仰拍银杏叶，画面如图9-1所示。

图9-1　镜头1拍摄的画面

2. 镜头2

镜头2是跟随镜头。当人物上台阶时，拍摄视频的人在人物的侧面跟随人物进行拍摄，画面如图9-2所示。

图 9-2　镜头 2 拍摄的画面

3. 镜头3

镜头3是后拉镜头。镜头先拍摄湖面的风光，然后从风光越过人物的肩膀往后拉，画面如图9-3所示。

图 9-3　镜头 3 拍摄的画面

温馨提示：在拍摄这个镜头时，若是人物背对镜头，可以设置一些手势或姿势来增加画面的动态美感。

4. 镜头4

镜头4是横移镜头。镜头先近距离拍摄左侧的竹叶，人物在竹叶的右侧慢慢向前走，随后镜头向右移动拍摄人物，画面如图9-4所示。这个镜头常被用作视频开场时揭示人物的出场。

图 9-4 镜头 4 拍摄的画面

5. 镜头5

镜头5是上摇镜头。镜头先拍摄湖水，然后慢慢向上摇摄更多湖面风光，画面如图9-5所示。

图 9-5 镜头 5 拍摄的画面

6. 镜头6

镜头6是前推上摇镜头。镜头先低角度从另一处向人物推近，在推近的过程中慢慢向上摇摄人物；人物悠闲地坐在湖边，画面如图9-6所示。

图 9-6 镜头 6 拍摄的画面

7. 镜头7

镜头7是下降镜头。镜头先仰拍湖面的风光，然后慢慢下降拍摄人物，画面如图9-7所示。

图9-7　镜头7拍摄的画面

8. 镜头8

镜头8是上升镜头。镜头先低角度拍摄人物坐在湖边，然后慢慢上升拍摄，画面如图9-8所示。

图9-8　镜头8拍摄的画面

9. 镜头9

镜头9是横移镜头。镜头俯拍湖水流动，呈现出湖面的倒影和别致的湖光秋色，画面如图9-9所示。

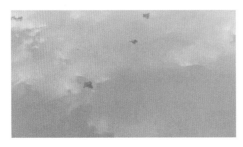

图9-9　镜头9拍摄的画面

10. 镜头10

镜头10是跟随镜头。人物背对镜头向前走；镜头低角度拍摄人物全身，并匀速跟随人物进行拍摄，画面如图9-10所示。

图 9-10　镜头 10 拍摄的画面

9.2　后期剪辑和创作标题文案

将前面所拍摄的素材导入剪映App中进行后期剪辑，剪辑出一个成品视频后再创作标题文案进行发布，这是制作Vlog口播视频的必要流程。本节将介绍《秋日印象》Vlog口播视频的后期剪辑和标题文案创作方法。

9.2.1　调整视频时长

《秋日印象》Vlog口播视频在拍摄时，可以不受时长的限制，但在剪辑时尽量选取精华的部分，因此需要运用剪映App对其时长进行删减。

扫码看教学视频

下面介绍具体的操作方法。

步骤01 打开剪映App，按照镜头顺序导入10段视频素材，如图9-11所示。

步骤02 点击"关闭原声"按钮，如图9-12所示，将视频原来的声音关闭。

步骤03 ❶选择第1段视频素材；❷拉动其右侧的白色拉杆，调整视频时长为4.1s，如图9-13所示。

图 9-11　导入视频素材

图 9-12　点击"关闭原声"按钮

图 9-13　调整视频时长

步骤 04 采用同样的方法，调整第2～4段视频素材的时长分别为3.2s、4.0s、4.4s，效果如图9-14所示。

图 9-14　调整其他视频时长

步骤 05 采用同样的方法，调整第5～10段视频素材的时长分别为3.2s、6.5s、4.0s、4.0s、3.0s、5.0s，部分效果如图9-15所示。

图 9-15　调整其他视频时长的部分效果

9.2.2　添加字幕文本

使用剪映App的"文字"功能可以输入台词，为《秋日印象》Vlog口播视频添加字幕，具体的操作方法如下。

扫码看教学视频

步骤01 在视频的起始位置，点击一级工具栏中的"文字"按钮，如图9-16所示。

步骤02 进入二级工具栏，点击"新建文本"按钮，如图9-17所示。

图 9-16　点击"文字"按钮　　　　图 9-17　点击"新建文本"按钮

步骤03 执行操作后，输入第1段台词文案，如图9-18所示。

步骤04 选择"样式"选项卡，如图9-19所示。

图 9-18 输入第 1 段台词文案   图 9-19 选择"样式"选项卡

步骤05 进入"样式"界面，在"文本"选项区中设置"字号"参数为8，如图9-20所示。

步骤06 在预览区域中调整字幕的位置，如图9-21所示。

图 9-20 设置"字号"参数   图 9-21 调整字幕的位置

温馨提示：输入台词文案生成字幕文本之后，也可以点击"字体"按钮，为字幕文本设置一个艺术字体。

步骤07 ❶切换至"花字"选项卡；❷选择一个"花字"，如图9-22所示。

步骤08 点击✅按钮确认，即可生成第1个字幕文本，如图9-23所示。

图9-22　选择一个"花字"

图9-23　生成第1个字幕文本

步骤09 点击"复制"按钮，如图9-24所示。

步骤10 将复制出来的字幕文本拖曳至第2段视频素材的下方，如图9-25所示。

图9-24　点击"复制"按钮

图9-25　拖曳复制的字幕文本

步骤11 ❶选择复制出来的字幕文本；❷点击"编辑"按钮，如图9-26所示。

步骤12 修改文字内容，如图9-27所示。

步骤13 点击✔按钮确认，如图9-28所示，即可生成第2个字幕文本。

图 9-26 点击"编辑"按钮　　图 9-27 修改文字内容　　图 9-28 点击相应按钮

步骤14 采用同样的方法，在第4、5、6、7、9、10视频素材的下方添加相应的字幕文本，部分效果如图9-29所示。

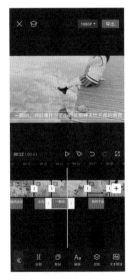

图 9-29 添加其他字幕文本的部分效果

9.2.3　设置文本朗读

在剪映App中，可以运用"文本朗读"功能为字幕文本配音，具体的操作方法如下。

扫码看教学视频

步骤01 ❶拖曳时间轴至视频素材的起始位置；❷选择第1个字幕文本；❸点击"文本朗读"按钮，如图9-30所示。

步骤02 执行操作后，❶切换至"女声音色"选项区；❷选择"亲切女声"选项；❸选择"应用到全部文本"复选框，如图9-31所示。

步骤03 点击✓按钮确认，稍等片刻，即可生成配音，如图9-32所示。

步骤04 返回视频的起始位置，点击▶按钮，如图9-33所示，可以预览视频画面并试听配音效果。若想要结合配音修改字幕文本的时长，可以点击"文字"按钮，调出所有的字幕文本，选择对应的文本进行修改即可。

图 9-30　点击"文本朗读"按钮

图 9-31　选择"应用到全部文本"复选框

图 9-32　生成配音

图 9-33　点击相应按钮

9.2.4 添加背景音乐

使用剪映App的"音频"功能可以为《秋日印象》Vlog口播视频添加抖音收藏中的音乐，具体的操作方法如下。

扫码看教学视频

步骤 01 在视频的起始位置，点击"音频"按钮，如图9-34所示。

步骤 02 进入二级工具栏，点击"抖音收藏"按钮，如图9-35所示。

图 9-34　点击"音频"按钮　　　图 9-35　点击"抖音收藏"按钮

步骤 03 ❶选择所需的音乐进行试听；❷点击"使用"按钮，如图9-36所示，即可添加背景音乐。

步骤 04 ❶选择音频素材；❷拖曳时间轴至视频素材的末尾位置；❸点击"分割"按钮，如图9-37所示。

步骤 05 点击"删除"按钮，如图9-38所示，将多余的背景音乐删除。

步骤 06 ❶选择剩下的音频素材；❷点击"音量"按钮，如图9-39所示。

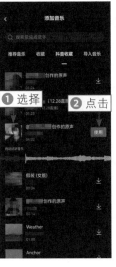

图 9-36　点击"使用"　　图 9-37　点击"分割"
　　　　　　按钮　　　　　　　　　　按钮

图 9-38 点击"删除"按钮　　　　　图 9-39 点击"音量"按钮

步骤07 拖曳白色圆环滑块,设置"音量"参数为50,如图9-40所示。

步骤08 返回上一级工具栏,点击"淡化"按钮,设置"淡出时长"参数为2s,如图9-41所示。设置完成后,即可预览并导出视频。

图 9-40 设置"音量"参数　　　　　图 9-41 设置"淡出时长"参数

9.2.5 后期剪辑效果

经过上述后期剪辑操作后，可以实现一个具有美感的《秋日印象》Vlog口播视频效果，画面展示如图9-42所示。

扫码看成品效果

图 9-42 《秋日印象》Vlog 口播视频画面展示

9.2.6 创作标题文案

《秋日印象》Vlog口播视频制作完成后，下一步就可以将其发布到抖音、快手、西瓜视频等短视频平台上。在发布视频之前，需要创作发布视频的标题文案，可以结合视频效果，从台词文案中选择一部分作为标题文案，如将标题文案设置为"我又找回了小时候那种无忧无虑的感觉"。

第 10 章

情景短剧：《回忆爱情》

情景短剧是一种带有故事情节的口播视频形式，其优势在于通过讲故事的形式来吸引受众，且容易获得受众的喜爱。本章将以《回忆爱情》视频为例，详细介绍情景短剧的前期创作与后期剪辑方法。

10.1 创作脚本文案和拍摄素材

创作《回忆爱情》口播视频的脚本文案更偏向于讲故事，应融入故事情节，并以故事梗概来指导拍摄。本节将详细介绍为《回忆爱情》口播视频创作脚本文案和拍摄素材的方法。

10.1.1 创作脚本文案

《回忆爱情》口播视频的脚本文案包含镜头脚本和台词文案，具体如下。

1.镜头脚本

《回忆爱情》这个视频的故事梗概为男女主角回忆初见时的场景。在拍摄素材时，尽量选择同一个地点进行拍摄，且同一个场景可以拍摄出两组不同的画面，具体的镜头脚本如表10-1所示。

表10-1 《回忆爱情》的镜头脚本

镜号	景别	镜头	画面	设备	备注
1		摇镜头	男生站立不动，女生从后面轻拍男生肩膀		确保男女生都在画面中
2		摇镜头	公园的景色		
3		固定镜头 + 后拉镜头	男生手持相机拍摄女生；女生坐在湖边看书		
4	全景	固定镜头	女生坐在长椅上看书	手持手机拍摄	
5		固定镜头 + 背后跟随	女生落下书，走远去接电话；男主捡起书去追女生		
6		拍摄照片	男生与女生笑得很甜蜜		
7		摇镜头	男生站立不动，女生从后面轻拍男生肩膀		
8		拍摄照片	男生与女生在一起的甜蜜瞬间		

2.台词文案

创作《回忆爱情》这个视频的台词文案以讲故事为主，可以在爱情主题上挖掘出一些有情节和能引起受众兴趣的故事。具体的操作方法如下。

（1）确定爱情故事的基调。一般来说，《回忆爱情》的视频基调可以是悲伤的，也可以是欢快的，对应的视频素材画面则是难过或甜蜜。这里确定这个故事的基调是欢快的，所对应的视频画面是甜蜜的。

（2）构思爱情故事的主要线索。创作者可以想象一下爱情故事中最为甜蜜的场景，将故事的大纲构思出来。这里以男生和女生初次相见，且男生对女生一见钟情的故事为甜蜜场景。

（3）理出故事情节。《回忆爱情》视频的主题以"回忆"为主，那么其故事情节则围绕男女主回忆两人初次相见的场景来展开。

（4）升华故事主题。《回忆爱情》视频以"甜蜜"为基调，那么可以多设置男生和女生的互动，如初见时是男生主动打招呼，那么回忆时可以设置女生来主动打招呼，从而营造出甜蜜的氛围。

由此，在理清思路和斟酌用字后，便可以得出一个具有连贯性的台词文案，详细内容如下。

这个从背后轻拍我的人，是我的女朋友。

那天是周五。

我第一次在公园遇见了她。

五天后，终于等来了第二次遇见。

她落掉的这本书让我有了勇气跟她说话。

之后，不出意料地，我们在一起了。

在一起的第一百天。

她突然跟我说：

要不我们来重温一下，我们第一次打招呼的场景吧。

这次换我来拍你肩膀。

同样的场景，同样的穿衣打扮，我们都乐此不疲。

想起这些，我总是很感激那天的遇见。

需要注意的是，《回忆爱情》视频的台词文案可以结合后期剪辑出的视频画面进行修改，但文案内容应尽量与画面对应，以呈现出更好的视频效果。

10.1.2　拍摄素材

在拍摄《回忆爱情》的视频素材时，主要以镜头脚本为依据进行拍摄，共有8组镜头，分别介绍如下。

1. 镜头1

镜头1是摇镜头。男生站在台阶上等待女生；女生入画从背后轻拍男生的肩膀。拍摄这组镜头时，拍摄视频的人站立不动，手持手机摇摄画面中的人物，画面如图10-1所示。

图 10-1　镜头 1 拍摄的画面

2. 镜头2

镜头2是摇镜头。镜头向左摇摄公园的环境，画面如图10-2所示。

图 10-2　镜头 2 拍摄的画面

3. 镜头3

镜头3是"固定镜头+后拉镜头"。镜头拍摄男生手持相机拍女生，女生则坐在湖边看书，画面如图10-3所示。

图 10-3　镜头 3 拍摄的画面

4. 镜头4

镜头4是固定镜头。镜头拍摄女生坐在公园的长椅上安静地看书，画面如图10-4所示。这个镜头可以用作受众看女生的视角，也可以作为男生看女生的视角。

图 10-4　镜头 4 拍摄的画面

5. 镜头5

镜头5是"固定镜头+背后跟随"。镜头先固定位置拍摄女生走远去接电话，等到男生入画追上女生，再跟随男生和女生一段距离，画面如图10-5所示。

图 10-5　镜头 5 拍摄的画面

6. 镜头6

镜头6是拍摄照片。镜头拍摄男生和女生在一起笑得很甜蜜的照片，画面如图10-6所示。

图 10-6　镜头 6 拍摄的画面

7. 镜头7

镜头7是摇镜头。镜头拍摄男生站立不动，女生从后面轻拍男生肩膀，画面如图10-7所示。

图 10-7　镜头 7 拍摄的画面

8. 镜头8

镜头8是拍摄照片。镜头拍摄男生和女生在一起很甜蜜的瞬间，画面如图10-8所示。

图 10-8　镜头 8 拍摄的画面

10.2　后期剪辑和创作标题文案

《回忆爱情》口播视频可以按照镜头脚本和台词脚本进行后期剪辑，且导入剪映App中即可快速剪辑成完整的视频，再创作标题文案即可发布到各个短视频平台。本节将介绍《回忆爱情》口播视频的后期剪辑和标题文案创作的方法。

10.2.1　调整视频时长

扫码看教学视频

《回忆爱情》口播视频在拍摄时，可以不受时长的限制，但在剪辑时尽量选取精华的部分，因此需要运用剪映App对其时长进行删减。

下面介绍具体的操作方法。

步骤01 打开剪映App，按照镜头顺序导入视频和照片素材，如图10-9所示。

步骤02 点击"关闭原声"按钮，如图10-10所示，将视频原来的声音关闭。

步骤03 ❶选择第1段视频素材；❷拉动其右侧的白色拉杆，调整视频时长为8.0s，如图10-11所示。

图10-9　导入视频素材　　图10-10　点击"关闭原声"按钮　　图10-11　调整视频时长

步骤04 采用同样的方法，调整第2～4段视频素材的时长分别为2.0s、8.6s、3.4s、11.5s，部分效果如图10-12所示。

图 10-12　调整其他视频时长的部分效果

10.2.2　调节视频画面

《回忆爱情》口播视频在拍摄完成后，可以运用剪映App的"滤镜"和"调节"功能进行画面调整，增加画面的美感。

下面介绍具体的操作方法。

扫码看教学视频

步骤01 返回一级工具栏，在视频起始位置点击"滤镜"按钮，如图 10-13 所示。

步骤02 进入"滤镜"选项卡，在"室内"选项区中选择"漫彩"滤镜，如图10-14所示。

步骤03 ❶ 切换至"调节"选项卡；❷ 选择 HSL 选项，如图 10-15 所示。

步骤04 ❶ 选择黄色选项◉；❷ 设置其色相参数为 46，如图 10-16 所示，减少画面中的黄色。

步骤05 ❶ 选择绿色选项◉；❷ 设置其饱和度参数为 45，如图 10-17 所示，让画面中植物的绿色更明显。

图 10-13　点击"滤镜"　图 10-14　选择"漫彩"
　　　　　按钮　　　　　　　　　滤镜

图 10-15　选择 HSL 选项　　　图 10-16　设置相应的参数（1）　　图 10-17　设置相应的参数（2）

步骤 06 ①选择深蓝色选项◎；②设置其饱和度参数为-35，如图10-18所示，让画面中衣服的颜色变淡，营造怀旧氛围。

步骤 07 点击◎按钮确认，如图10-19所示，即可应用以上操作。

步骤 08 ①选择"色温"选项；②设置参数为28，如图10-20所示，使画面偏向于暖色调，更有怀旧氛围。

图 10-18　设置相应的参数（3）　　图 10-19　点击相应按钮　　　图 10-20　设置"色温"参数

步骤09 ❶ 选择"暗角"选项；
❷ 设置参数为25，如图10-21所示，
柔化画面边缘，增强画面的年代感。点
击▽按钮确认，即可生成相应的素材。

步骤10 调整素材的时长，使其对
齐视频素材的时长，如图10-22所示。

图 10-21　设置"暗角"　　图 10-22　调整时长
　　　　　参数

10.2.3　添加字幕文本

使用剪映App的"文字"功能可以输入台词，为《回忆爱情》口播视频添加字幕，具体的操作方法如下。

步骤01 返回一级工具栏，在视频起始位置点击"文字"按钮，如图10-23所示。

扫码看教学视频

步骤02 进入二级工具栏，点击"新建文本"按钮，如图10-24所示。

图 10-23　点击"文字"按钮　　　图 10-24　点击"新建文本"按钮

步骤 **03** 执行操作后，❶输入第1段台词文案；❷选择一种合适的字体，如图10-25所示。

步骤 **04** ❶切换至"样式"选项卡；❷在"文本"选项区中设置"字号"参数为9，如图10-26所示。

步骤 **05** ❶切换至"花字"选项卡；❷选择一个花字，如图10-27所示。

图 10-25　选择合适的字体

图 10-26　设置"字号"参数

图 10-27　选择一个花字

步骤 **06** ❶切换至"动画"选项卡；❷选择"羽化向右擦开"入场动画；❸设置动画时长为1.5s，如图10-28所示。点击✓按钮确认，即可生成第一个字幕文本。

步骤 **07** ❶在预览区域中调整字幕文本的位置；❷调整字幕文本的时长和时间点，使其对齐相应的视频画面，如图10-29所示。

图 10-28　设置动画时长

图 10-29　调整字幕文本
的位置、时长和时间点

步骤 08 点击"复制"按钮，如图10-30所示，复制一个字幕文本。

步骤 09 将复制出来的字幕文本拖曳至第2段视频素材的下方，如图 10-31 所示。

步骤 10 ❶选择复制出来的字幕文本；❷点击"编辑"按钮，如图10-32 所示。

图 10-30　点击"复制"按钮　　　图 10-31　拖曳字幕文本　　　图 10-32　点击"编辑"按钮

步骤 11 修改文字内容，如图10-33所示。

步骤 12 点击☑按钮确认，即可生成第2个字幕文本。适当地调整第2个字幕文本的时长，使其对齐相应的视频画面，如图10-34所示。

图 10-33　修改文字内容　　　　图 10-34　调整字幕文本的时长

步骤13 采用同样的方法，添加其他字幕文本并调整时长，部分效果如图10-35所示。

图 10-35 添加其他字幕文本的部分效果

10.2.4 设置文本朗读

在剪映App中，可以选择"文本朗读"功能为字幕文本配音，具体的操作方法如下。

步骤01 ❶选择第1个字幕文本；❷点击"文本朗读"按钮，如图10-36所示。

步骤02 执行操作后，❶切换至"男声音色"选项区；❷选择"阳光男生"选项；❸选择"应用到全部文本"复选框，如图10-37所示。

步骤03 点击▼按钮确认，弹出"音频下载中"信息提示框，如图10-38所示。稍等片刻，即可生成配音。

步骤04 返回一级工具栏，❶点击"音频"按钮，调出所有的配音素材；❷拖曳时间轴至相应的位置，如图10-39所示。

步骤05 ❶选择女生的台词配音素材；❷点击"删除"按钮，如图10-40所示。

步骤06 返回一级工具栏，❶点击"文字"按钮，调出所有的字幕文本；❷拖曳时间轴至相应的位置，如图10-41所示。

图 10-36　点击"文本朗读"按钮（1）　图 10-37　选择相应的复选框　图 10-38　弹出信息提示框

图 10-39　拖曳时间轴（1）　　图 10-40　点击"删除"按钮　　图 10-41　拖曳时间轴（2）

温馨提示：情景短剧的口播视频中应尽量体现出对话，所以在配音时，需要为不同的字幕文本添加不同的文本朗读。这里使用的是"阳光男生"音色和"亲切女声"音色。而且，在生成配音后，需要调整字幕文本的位置与配音的位置相对应。

步骤07 ❶选择对应的字幕文本；❷点击"文本朗读"按钮，如图10-42所示。

步骤08 执行操作后，❶选择"亲切女声"女声音色；❷取消选择"应用到全部文本"复选框，如图10-43所示。点击☑按钮确认，即可重新生成配音。

步骤09 采用同样的方法，为其他的女生对应字幕台词重新生成配音，效果如图10-44所示。

图 10-42 点击"文本朗读"按钮（2） 图 10-43 取消选择复选框 图 10-44 重新生成配音效果

10.2.5 添加背景音乐

使用剪映App的"音频"功能可以为《回忆爱情》口播视频添加音乐，直接搜索音乐名称进行添加即可。

扫码看教学视频

下面介绍具体的操作方法。

步骤01 在视频的起始位置，点击"音频"按钮，如图10-45所示。

步骤02 进入二级工具栏，点击"音乐"按钮，如图10-46所示。

步骤03 进入"添加音乐"界面，❶在搜索框中输入歌曲名称；❷点击"搜索"按钮，如图10-47所示。

图 10-45　点击"音频"按钮　　图 10-46　点击"音乐"按钮　　图 10-47　点击"搜索"按钮

步骤 04 在搜索结果中，❶选择所需的音乐进行试听；❷点击"使用"按钮，如图10-48所示，即可添加背景音乐。

步骤 05 ❶选择音频素材；❷拖曳时间轴至视频素材的末尾位置；❸点击"分割"按钮，如图10-49所示。

步骤 06 点击"删除"按钮，如图10-50所示，即可将多余的音乐删除。

图 10-48　点击"使用"按钮　　图 10-49　点击"分割"按钮　　图 10-50　点击"删除"按钮

10.2.6 添加画面特效

当视频画面过于单调时，可以使用剪映App中的"特效"功能，丰富视频画面。运用剪映App，可以为《回忆爱情》口播视频添加"回忆胶片"画面特效，让画面内容更贴近文案主题，具体的操作方法如下。

扫码看教学视频

步骤01 返回一级工具栏，在视频起始位置点击"特效"按钮，如图10-51所示。

步骤02 进入二级工具栏，点击"画面特效"按钮，如图10-52所示。

步骤03 在"复古"选项区中，选择"回忆胶片"特效，如图10-53所示。点击✓按钮确认，即可应用特效。

步骤04 调整特效的时长，使其对齐视频的时长，如图10-54所示。调整完成后，即可预览或导出视频。

图 10-51　点击"特效"按钮

图 10-52　点击"画面特效"按钮

图 10-53　选择"回忆胶片"特效

图 10-54　调整特效的时长

10.2.7　后期剪辑效果

经过上述后期剪辑操作后，可以实现一个具有美感的《回忆爱情》口播视频效果，画面展示如图10-55所示。

扫码看成品效果

图 10-55　《回忆爱情》口播视频画面展示

10.2.8　创作标题文案

《回忆爱情》口播视频制作完成后，下一步就可以将其发布到抖音、快手、西瓜视频等短视频平台上。在发布视频之前，需要创作发布视频的标题文案，可以结合视频效果来创作，如将标题文案设置为"当我试图回忆起我们初见时的场景……"用省略号适当地留白，设置悬念吸引受众观看视频的兴趣。

第11章

达人探店：《访蛋糕店》

探店类短视频是口播视频中比较常见的形式，其内容是以参观某个店铺为题材来拍摄口播视频，起到宣传店铺的作用。本章将以《访蛋糕店》为例，介绍探店类口播视频的脚本创作、素材拍摄、后期剪辑和标题制作方法。

11.1 创作脚本文案和拍摄素材

根据前面所学的口播视频制作方法，本章中的《访蛋糕店》口播视频的制作首先需要创作脚本，然后根据脚本进行拍摄。本节将详细介绍创作《访蛋糕店》的脚本和拍摄素材的方法。

11.1.1 创作脚本文案

《访蛋糕店》的脚本文案包含镜头脚本和台词文案，具体介绍如下。

1. 镜头脚本

《访蛋糕店》的镜头脚本主要以探访蛋糕店为拍摄主题，拍摄思路可以有蛋糕店门口、店内的装潢、店内的产品、有特色的产品等镜头。表11-1所示为《访蛋糕店》的镜头脚本。

表11-1 《访蛋糕店》的镜头脚本

镜号	景别	镜头	画面	设备	备注
1	远景	固定镜头	蛋糕店门口	手持手机拍摄	变焦
2	近景	右摇镜头	店内的面包货架	手持手机拍摄	
3	近景	横移镜头	小蛋糕货架	手持手机拍摄	
4	近景	左摇镜头	蛋糕货架	手持手机拍摄	
5	特写	照片	草莓蛋糕	手持手机拍摄	正面直拍

2. 台词文案

创作《访蛋糕店》的台词文案首先应确定好主题。简而言之，就是为探访蛋糕店找一个理由。在制作口播视频期间，可以查看当下的日期有没有可以利用的节日，如情人节，以情人节买礼物为由探访蛋糕店，查看蛋糕店在情人节推出的产品或优惠。

其次，可以为《访蛋糕店》创作一个简单的故事脚本。因为如果单纯地进店就宣传蛋糕店的产品或优惠，容易让受众察觉到广告痕迹太重，从而导致探店没有发挥真正的作用。例如，以陪朋友买情人节礼物为故事开头，逛到了蛋糕店，然后被蛋糕所吸引决定买下当作礼物的故事。

在撰写故事时，可以多增加一些障碍，如下雨天出门，原本无意买蛋糕，但是却被蛋糕吸引了等，这样能够让受众产生观看的兴趣。

接着，在确定了大概的故事情节后，再将脑海中的设想用文字表述出来。口播视频创作者可以结合蛋糕店十分文艺的风格，写作简约、文雅的文案内容，甚至可以把蛋糕融入情人节进行主题升华。《访蛋糕店》的台词文案如下。

在一个周末的雨天,陪朋友去挑选情人节的礼物。看到了这家蛋糕店。

店内的左边陈列着一些摆放整齐的面包,旁边是精美的小蛋糕。

朋友的目光一下子就被右边一些定制精美的草莓蛋糕给吸引了。

店员向我们介绍说,因为临近情人节,草莓蛋糕可以享受立减20元的优惠。

我听完漫不经心,朋友却很心动,挑选之后决定买一个。

我说,是因为难得的优惠吗?

朋友答,你知道草莓象征着美好吗? 用作节日礼物最合适不过了。

我莞尔一笑,表示赞同,想到雨天出门能看到草莓蛋糕本身就很美好了。

需要注意的是,口播视频的文案一般就是视频中所出现的台词,因此口播视频创作者在创作文案内容时,可以先写作一个大概的文字梗概,然后再结合拍摄的素材和后期剪辑来确定完整的内容。

11.1.2　拍摄素材

在拍摄《访蛋糕店》的视频素材时,以镜头脚本和台词文案为依据进行拍摄,共有5组镜头,分别介绍如下。

1. 镜头1

手持手机竖屏、远距离拍摄蛋糕店门口,然后调节变焦,画面如图11-1所示。

图 11-1　镜头 1 拍摄的画面

2. 镜头2

手持手机近距离拍摄店内的面包货架，向右摇摄，画面如图11-2所示。

图 11-2　镜头 2 拍摄的画面

3. 镜头3

手持手机从左往右边走动边拍摄小蛋糕货架，画面如图11-3所示。

图 11-3　镜头 3 拍摄的画面

4. 镜头4

手持手机从右往左摇摄蛋糕货架，画面如图11-4所示。

图 11-4　镜头 4 拍摄的画面

5. 镜头5

手持手机正面拍摄草莓蛋糕的特写照片，部分画面如图11-5所示。

图 11-5　镜头 5 拍摄的部分画面

温馨提示：拍摄口播视频时，尽量所有素材都使用同一个画幅，如竖屏拍摄，则所有素材画面都为竖屏。并且在拍摄时，可以多拍一些镜头，以备后期剪辑时使用，但拍摄的主题和方向需与脚本内容契合。

11.2　后期剪辑和创作标题文案

　　将前面所拍摄的素材导入剪映App中进行后期剪辑，剪辑出一个成品视频后再创作标题文案进行发布，这是制作口播视频的必要流程。本节将介绍《访蛋糕店》口播视频的后期剪辑和标题文案创作方法。

11.2.1　后期剪辑效果

　　制作口播视频的后期剪辑工作相对于短视频而言较为简单，只需要进行简单的素材处理、调色、录制台词文案、添加字幕和音乐即可。《访蛋糕店》口播视频的后期剪辑效果如图 11-6 和图 11-7 所示。

扫码看成品效果

图 11-6　《访蛋糕店》口播视频的后期剪辑效果（1）

图 11-7　《访蛋糕店》口播视频的后期剪辑效果（2）

11.2.2 素材处理和调色

《访蛋糕店》的视频素材处理主要是对4组镜头进行关闭原声处理和对照片素材进行背景设置。

下面介绍具体的操作方法。

步骤01 打开剪映App，按照镜头顺序导入4段视频素材和6张照片素材，如图11-8所示。

步骤02 点击"关闭原声"按钮，如图11-9所示，将视频原来的声音关闭。

步骤03 ❶ 拖曳时间轴至第1张照片素材的位置；❷ 选择照片素材，如图11-10所示。

步骤04 拉动第1张照片素材右侧的白色拉杆，将素材的时长调整为5s，如图11-11所示。

图 11-8　导入素材

图 11-9　点击"关闭原声"按钮

图 11-10　选择照片素材

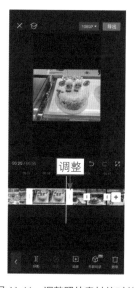

图 11-11　调整照片素材的时长

步骤05 返回一级工具栏，点击"背景"按钮，如图11-12所示。

步骤06 进入二级工具栏，点击"画布模糊"按钮，如图11-13所示。

图 11-12 点击"背景"按钮

图 11-13 点击"画布模糊"按钮

步骤07 选择一种"画布模糊"样式，如图11-14所示。

步骤08 采用同样的方法，为后面的5张照片设置时长并选择"画布模糊"样式，部分效果如图11-15所示。

图 11-14 选择"画布模糊"样式

图 11-15 部分照片素材的效果

步骤09 返回一级工具栏，在视频的起始位置点击"滤镜"按钮，如图11-16所示。

步骤10 进入相应界面，❶切换至"美食"选项区；❷选择"料理"选项，如图11-17所示，增加画面的质感。

步骤11 点击☑按钮确定，调整滤镜的时长与视频时长一致，如图11-18所示，让滤镜效果应用到所有素材中。

图 11-16　点击"滤镜"按钮　　图 11-17　选择"料理"选项　　图 11-18　调整滤镜的时长

11.2.3　录制台词文案

使用剪映App中的"录音"功能可以为《访蛋糕店》口播视频录制台词文案。

扫码看教学视频

下面介绍录制台词文案的具体操作方法。

步骤01 返回一级工具栏，在视频的起始位置，点击"音频"按钮，如图11-19所示。

步骤02 进入二级工具栏，点击"录音"按钮，如图11-20所示。

步骤03 执行操作后，点击⬤按钮，如图11-21所示，在结束3s的倒计时后，可以开始录入台词文案。

步骤04 再点击一次⬤按钮，便可结束录制，录制结束后会生成录音素材，如图11-22所示。

图 11-19　点击"音频"按钮　　　图 11-20　点击"录音"按钮　　　图 11-21　点击相应按钮

步骤 05 点击"导出"按钮，如图11-23所示，将视频画面和录音效果导出为一个完整的口播视频。

图 11-22　生成录音素材　　　　　图 11-23　点击"导出"按钮

温馨提示：在录音的过程中，也可以用手指长按 ● 按钮进行录制，松开手指则结束录制。生成的录音素材会自动根据开启录音的次数来命名，如"录音1"。

11.2.4　添加字幕

使用剪映App中的"识别字幕"功能可以为《访蛋糕店》口播视频添加字幕，还可以通过"文字"功能对字幕文本进行编辑。

下面介绍添加字幕的具体操作方法。

扫码看教学视频

步骤01 新建一个草稿文件，将刚刚导出的视频重新导入，如图11-24所示。

步骤02 在一级工具栏中，点击"文字"按钮，如图11-25所示。

图 11-24　重新导入视频

图 11-25　点击"文字"按钮

步骤03 进入二级工具栏，点击"识别字幕"按钮，如图11-26所示。

步骤04 执行操作后，点击"开始匹配"按钮，如图11-27所示。

步骤05 稍等片刻，系统会自动识别并生成字幕，如图11-28所示。

步骤06 点击"批量编辑"按钮，如图11-29所示。

图 11-26　点击"识别
字幕"按钮

图 11-27　点击"开始
匹配"按钮

图 11-28　识别并生成字幕

图 11-29　点击"批量编辑"按钮

★ 专 家 提 醒 ★

　　剪映 App 中的"批量编辑"功能可以一次性为所有的字幕文字添加相同的效果并修改错误，能够有效地提高口播视频后期剪辑的效率。

　　步骤07 进入编辑界面，选择第1个字幕文本，如图11-30所示，可以对其进行文字修改。这个操作可以修改字幕文本中的错别字。

　　步骤08 检查并修改好字幕文本后，点击"选择"按钮，如图11-31所示。

图 11-30　选择第 1 个字幕文本

图 11-31　点击"选择"按钮

[步骤09] 执行操作后，❶选择"全选"复选框；❷点击"编辑样式"按钮，如图11-32所示，对所有的字幕文本进行编辑。

[步骤10] 进入相应界面，❶切换至"样式"选项卡；❷选择一个合适的字体样式，如图11-33所示，让字幕文本更为醒目。

[步骤11] 在"样式"选项卡的"文本"选项区中，拖曳"字号"的白色圆环滑块，设置"字号"参数为15，如图11-34所示，放大字体。

图 11-32　点击"编辑样式"按钮　　图 11-33　选择一个合适的字体样式　　图 11-34　设置"字号"参数

11.2.5　添加音乐

使用剪映App中的"音频"功能可以为《访蛋糕店》口播视频添加背景音乐。

下面介绍添加音乐的具体操作方法。

扫码看教学视频

[步骤01] 返回一级工具栏，点击"音频"按钮，如图11-35所示。

[步骤02] 进入二级工具栏，点击"音乐"按钮，如图11-36所示。

[步骤03] 进入"添加音乐"界面，❶在搜索框中输入"甜蜜"二字；❷点击手机输入法中的"搜索"按钮，如图11-37所示。

图 11-35　点击"音频"按钮

图 11-36　点击"音乐"按钮

图 11-37　点击"搜索"按钮

步骤04 在搜索结果中，选择合适的背景音乐，点击所选音乐右侧的"使用"按钮，如图11-38所示。

步骤05 执行操作后，生成音频素材。❶拖曳时间轴至视频的末尾位置；❷选择音频素材，如图11-39所示。

图 11-38　点击"使用"按钮

图 11-39　选择音频素材

步骤06 点击"分割"按钮，系统默认选择后半段音频素材，如图 11-40 所示。

步骤 07 点击"删除"按钮，将多余的音频删除，如图11-41所示。

步骤 08 ❶选择剩下的音频素材；❷点击"音量"按钮，如图11-42所示。

图 11-40　点击"分割"按钮　　　图 11-41　将多余的音频删除　　　图 11-42　点击"音量"按钮

步骤 09 向左拖曳白色圆环滑块，设置"音量"参数为15，如图11-43所示。

步骤 10 点击✓按钮确定，然后点击"淡化"按钮，如图11-44所示。

步骤 11 拖曳"淡出时长"的白色圆环滑块，设置其参数为4.8s，如图11-45所示。设置完成后即可预览视频效果，确认无误后导出效果。

图 11-43　设置"音量"参数　　　图 11-44　点击"淡化"按钮　　　图 11-45　设置"淡出时长"参数

11.2.6 创作标题文案

为《访蛋糕店》的口播视频创作标题文案可以使用巨量创意工具，运用"一键生成智能投放标题"功能，一键生成标题文案。具体的操作方法如下。

进入巨量创意网页的"创意工具"中，输入"食品饮料/糕点饼干"和"草莓蛋糕"关键词，即可在右侧看到系统智能生成的标题文案，如图11-46所示。

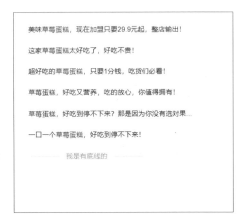

图 11-46　巨量创意推荐的标题文案

以"创意工具"中推荐的标题文案为灵感来创作标题，如拟定《访蛋糕店》的口播视频的标题文案为"这家店的草莓蛋糕好吃不贵，值得一试！"

第12章

好物分享：《多肉开箱》

好物分享类口播视频的主要目的是向受众分享好物，其内容一般是通过拆快递的形式来介绍物品，而且会说明物品的优势，从而吸引受众的兴趣。本章将以《多肉开箱》视频为例，详细介绍好物分享类口播视频的制作要点。

12.1 创作脚本文案和拍摄素材

好物分享类口播视频的内容更侧重于广告，相当于产品宣传，因此在创作脚本文案和拍摄素材时应重点突出所要分享的物品的优势，让受众产生想要购买的欲望。本节将介绍《多肉开箱》口播视频创作脚本文案和拍摄素材的方法。

12.1.1 创作脚本文案

《多肉开箱》口播视频的脚本文案包含镜头脚本和台词文案，具体介绍如下。

1. 镜头脚本

以好物分享类口播视频的内容为指向，《多肉开箱》口播视频的画面主要是拍摄多肉的优势。其镜头不用很复杂，只需手持手机拍摄或者用三脚架固定手机进行拍摄即可。表12-1所示为《多肉开箱》的镜头脚本。

表12-1 《多肉开箱》的镜头脚本

镜号	景别	镜头	画面	设备	备注
1	全景	固定镜头	拆开快递盒	手持手机拍摄	选好角度
2	近景		快递盒内的所有物品		
3	近景		拆开其中一盒多肉的包装		
4	近景		已经露出的多肉		
5	特写		已经拆好的多肉展示		
6	近景		拆好的全部多肉		
7	特写	照片	多肉的细节展示		

2. 台词文案

《多肉开箱》这个视频的台词文案以展现多肉的特点为主，因此在创作时可以结合多肉的店铺、价格、优势，以及收到快递时的感受等方面来撰写文案，具体如下。

（1）可以在文案中指出这次的开箱是回购的，从而传达出多肉的品质好。

（2）可以说明多肉的价格是优惠的，多采用"只要""很值得"之类的字词。

（3）也可以从多肉的品相、冠幅、株型等方面来说明多肉的优势，在展现多肉亮点的同时，让人感受到专业性，从而获取受众的信任。

（4）还可以从收到多肉时的感受来侧面表现多肉的品质好，如表达"多肉看上去长得很好"等。

由此，在理清思路和斟酌用字后便可以得出具有连贯性的一个台词文案，详细内容如下。

这家店凭什么让我回购了3次。

开箱看看。

这次买的是带盆的。

先拆这盆小一点的吧。

天呐。

这个连盆带肉只花了6块。

长得好好哦。

接着拆其他的看看。

和我想象中的没差。

品相佳、冠幅大、株型美观。

需要注意的是，《多肉开箱》口播视频的台词文案可以结合后期剪辑出的视频画面进行修改，但文案内容要尽量与画面对应，以呈现出更好的视频效果。

12.1.2 拍摄素材

在拍摄《多肉开箱》口播视频素材时，需要拍摄6组镜头和1组特写照片，分别介绍如下。

1. 镜头1

镜头1是全景拍摄拆开快递盒，画面如图12-1所示。

图 12-1 镜头 1 拍摄的画面

2. 镜头2

镜头2是近距离拍摄快递盒里的所有物品，画面如图12-2所示，向受众展示店铺对多肉产品的包装细节。

图 12-2　镜头 2 拍摄的画面

3. 镜头3

镜头3是近距离拍摄拆开其中一盒多肉的包装，画面如图12-3所示，向受众展示开箱的详细过程。

图 12-3　镜头 3 拍摄的画面

4. 镜头4

镜头4是近距离拍摄已经露出的多肉，画面如图12-4所示，增加开箱场景的现场感。

图 12-4　镜头 4 拍摄的画面

5. 镜头5

镜头5是将已经拆好了包装的多肉进行特写展示，画面如图12-5所示，可以手动旋转多肉，进行全方位展示。

图 12-5　镜头 5 拍摄的画面

6. 镜头6

镜头6是近距离拍摄已经拆好包装的全部多肉，画面如图12-6所示。

图 12-6　镜头 6 拍摄的画面

7. 镜头7

镜头7是拍摄拆好的多肉照片特写，画面如图12-7所示。在拍摄多肉照片时，尽量选择干净、简洁的背景，以呈现出更好的画面。

图 12-7 镜头 7 拍摄的画面

12.2 后期剪辑和创作标题文案

将前面所拍摄的素材导入剪映App中进行后期剪辑，剪辑出一个成品视频后再创作标题文案进行发布，这是制作口播视频的必要流程。本节将介绍《多肉开箱》口播视频的后期剪辑和标题文案创作方法。

12.2.1 调节视频画面

《多肉开箱》口播视频在拍摄完成后，可以运用剪映App的"调节"功能进行画面调整，以弥补拍摄时的不足。

扫码看教学视频

下面介绍具体的操作方法。

步骤01 打开剪映App，按照镜头顺序导入视频和照片素材，如图12-8所示。

步骤02 点击"关闭原声"按钮，如图12-9所示，将视频原来的声音关闭。

图 12-8　导入视频和照片素材　　　图 12-9　点击"关闭原声"按钮

步骤03 点击"调节"按钮，如图12-10所示。

步骤04 进入"调节"选项卡，❶选择"亮度"选项；❷设置其参数为-6，如图12-11所示，稍微降低曝光。

图 12-10　点击"调节"按钮　　　图 12-11　设置"亮度"参数

步骤05 ❶选择"对比度"选项；❷设置其参数为-25，如图12-12所示，让画面的色彩更艳丽。

步骤06 ❶选择"光感"选项；❷设置其参数为9，效果如图12-13所示，让光线分布更均匀。

图 12-12 设置"对比度"参数

图 12-13 设置"光感"参数

步骤07 ❶选择"高光"选项；❷设置其参数为-9，如图12-14所示，让主体的细节更突出。

步骤08 ❶选择"色温"选项；❷设置其参数为20，如图12-15所示，使画面偏向暖色调，营造出欢快的氛围。

图 12-14 设置"高光"参数

图 12-15 设置"色温"参数

步骤09 点击✔️按钮确认，即可生成"调节1"素材，如图12-16所示。

步骤10 调整"调节1"素材的时长，使其与视频素材齐长，如图12-17所示。

图 12-16　生成"调节 1"素材　　　　图 12-17　调整"调节 1"素材的时长

12.2.2　设置画面背景

拍摄照片素材时，可以选择不同的画幅进行拍摄，但是在后期剪辑时则需要兼顾视频画面的画幅，而为照片素材添加背景可以有效地解决这个问题。使用剪映App的"背景"功能可以设置画面背景，具体的操作方法如下。

扫码看教学视频

步骤01 返回一级工具栏，在第1张照片素材的起始位置点击"背景"按钮，如图12-18所示。

步骤02 进入二级工具栏，点击"画布模糊"按钮，如图12-19所示。

步骤03 选择一种"画布模糊"样式，如图12-20所示。

步骤04 ❶拖曳时间轴至第2张照片素材的起始位置；❷选择相同的样式，如图12-21所示。

步骤05 用同样的方法，为第3张、第4张照片素材选择相同的样式。点击✔️按钮确认，如图12-22所示，即可应用该样式。

图 12-18　点击"背景"按钮

图 12-19　点击"画布模糊"按钮

图 12-20　选择一种样式

图 12-21　选择相同的样式

图 12-22　点击相应按钮

12.2.3　添加字幕文本

在剪映App中，可以选择"文字"功能添加视频字幕，具体的操作方法如下。

步骤 01 返回一级工具栏，在视频素材的起始位置点击"文

扫码看教学视频

字"按钮，如图12-23所示。

步骤02 进入二级工具栏，点击"新建文本"按钮，如图12-24所示。

图 12-23　点击"文字"按钮　　　图 12-24　点击"新建文本"按钮

步骤03 执行操作后，输入第1段台词文案，如图12-25所示。

步骤04 ❶选择"字体"选项卡；❷选择一种合适的字体，如图12-26所示。

图 12-25　输入第 1 段台词文案　　　图 12-26　选择一种合适的字体

步骤05 ❶切换至"样式"选项卡；❷在"文本"选项区中设置"字号"参数为8，如图12-27所示。

步骤06 在预览区域中，调整字幕文本的位置，如图12-28所示。

图 12-27　设置"字号"参数　　　　图 12-28　调整字幕文本的位置

步骤07 ❶ 切换至"花字"选项卡；❷ 选择一个"花字"，如图 12-29 所示。

步骤08 点击 ✔ 按钮确认，即可生成第1个字幕文本，如图12-30所示。

图 12-29　选择一个"花字"　　　　图 12-30　生成第 1 个字幕文本

步骤09 点击"复制"按钮，如图12-31所示。

步骤10 将复制出来的字幕文本拖曳至合适的位置，如图12-32所示。

图 12-31 点击"复制"按钮

图 12-32 拖曳字幕文本

步骤11 ❶ 选择复制出来的字幕文本；❷ 点击"编辑"按钮，如图 12-33 所示。

步骤12 修改文字内容，如图12-34所示。

图 12-33 点击"编辑"按钮

图 12-34 修改文字内容

步骤13 点击✔按钮确认，如图12-35所示，即可生成第2个字幕文本。调整

第2个字幕文本的时长，使其对齐相应的视频画面的时长。

步骤14 采用同样的方法，为其他视频素材添加相应的字幕文本，并按需调整时长，部分效果如图12-36所示。

图 12-35　点击相应按钮

图 12-36　为其他视频素材添加字幕的部分效果

12.2.4　设置文本朗读

在剪映App中，可以利用"文本朗读"功能为字幕文本配音，增加视频的视听美感。

扫码看教学视频

下面介绍具体的操作方法。

步骤01 ❶拖曳时间轴至视频素材的起始位置；❷选择第1个字幕文本；❸点击"文本朗读"按钮，如图12-37所示。

步骤02 执行操作后，❶在"特色方言"选项区中选择一个合适的音色；❷选择"应用到全部文本"复选框，如图12-38所示。

步骤03 点击✔按钮确认，稍等片刻，即可生成配音，如图12-39所示。

步骤04 点击▶按钮，如图12-40所示，可以预览视频画面并试听配音效果。若想要结合配音修改字幕文本的时长，可以点击"文字"按钮，调出所有的字幕文本，选择对应的文本进行修改。

图 12-37　点击"文本朗读"按钮

图 12-38　选择"应用到全部文本"复选框

图 12-39　生成配音

图 12-40　点击相应按钮

12.2.5　添加背景音乐

剪映App内置了很多音乐，使用其中的"音频"功能可以为《多肉开箱》口播视频添加合适的音乐，具体的操作方法如下。

步骤01 在视频的起始位置点击"音频"按钮，如图12-41所示。

扫码看教学视频

步骤02 进入二级工具栏，点击"音乐"按钮，如图12-42所示。

图 12-41　点击"音频"按钮

图 12-42　点击"音乐"按钮

步骤03 进入"添加音乐"界面，选择"美食"选项，如图12-43所示。

步骤04 ❶选择所需的音乐进行试听；❷点击"使用"按钮，如图12-44所示，即可添加音频素材。

图 12-43　选择"美食"选项

图 12-44　点击"使用"按钮

步骤05 调整音频素材的时长，使其与视频素材的时长对齐，如图12-45所示。

步骤06 ❶选择音频素材；❷点击"淡化"按钮，如图12-46所示。

步骤07 拖曳白色圆环滑块，设置"淡出时长"参数为1.2 s，如图12-47所示。

图 12-45　调整音频素材的　　图 12-46　点击"淡化"按钮　图 12-47　设置"淡出时长"参数
　　　　　时长对齐

12.2.6　后期剪辑效果

经过了上述后期剪辑操作后，可以实现一个具有美感的《多肉开箱》口播视频效果，画面展示如图12-48所示。

扫码看成品效果

图 12-48

图 12-48 《多肉开箱》口播视频画面展示

12.2.7 创作标题文案

《多肉开箱》Vlog口播视频制作完成后，下一步就是将其发布到抖音、快手、西瓜视频等短视频平台上。在发布视频之前，需要创作发布视频的标题文案，可以结合视频效果来拟定标题，如将标题文案设置为"又又又开箱了，买到了超值的多肉！"

在标题文案中，还可以加入"多肉""开箱""超值""××店铺"等话题，如有必要，也可以加入购买的链接。

第13章

主图视频:《唯美汉服》

主图口播视频在短视频中的应用主要是展示产品的优势,如在抖音平台中,用作展示抖店中陈列的产品,以视频的形式传递产品的价值,从而吸引受众的关注。本章将以《唯美汉服》视频为例,详细介绍主图视频的制作方法。

13.1 创作脚本文案和拍摄素材

为《唯美汉服》口播视频创作脚本文案主要是为了对后期剪辑进行指导和提供依据。拍摄《唯美汉服》口播视频的素材时，可以多运用运镜技巧。本节将围绕这两个方面进行详细介绍。

13.1.1 创作脚本文案

《唯美汉服》口播视频的脚本文案包含镜头脚本和台词文案，具体介绍如下。

1. 镜头脚本

《唯美汉服》这个视频的主题为汉服展示，主要内容是人物穿上汉服，展示汉服的优势。具体的镜头脚本如表13-1所示。

表13-1　《唯美汉服》的镜头脚本

镜号	景别	镜头	画面	设备	备注
1		固定镜头	人物身穿红色汉服面向镜头走来		借助前景
2		固定镜头	人物正对镜头走上台阶		
3	全景	前推镜头	人物转圈展示汉服	手持手机	
4		侧面跟随镜头	人物从左往右行走		
5		横移推镜头	人物走上石桥		悠闲的步伐

2. 台词文案

创作《唯美汉服》这个视频的台词文案主要围绕展示汉服来撰写，可以加入一些唯美的词句，说明汉服的优点。在词句的选择上，可以表现山水之美，也可以表现惜物之情，不受限制；在说明汉服的优点时，可以从裙头、裙摆、印花、面料等设计上进行说明，充分展示汉服吸引人的地方。《唯美汉服》的台词文案如下。

词句：

流水物情谙世态。

落花春梦厌尘劳。

织槛锦纹苔乍结。

富贵不来争奈何。

眠云无限好知己。

汉服优势：裙头高贵大气、裙摆仙气飘逸、印花精美优雅、面料透气舒适。

需要注意的是，《唯美汉服》视频的台词文案可以结合后期剪辑出的视频画面进行修改，但文案内容要尽量与画面对应，以呈现出更好的视频效果。

13.1.2　拍摄素材

在拍摄《唯美汉服》的视频素材时，主要以镜头脚本为依据进行拍摄，共有5组镜头，分别介绍如下。

1. 镜头1

镜头1是固定镜头。镜头保持位置不变，拍摄人物身穿红色汉服迎面走来，画面如图13-1所示。

图 13-1　镜头 1 拍摄的画面

2. 镜头2

镜头2是固定镜头。镜头拍摄人物身穿汉服优雅、端庄地走上台阶，画面如图13-2所示。

图 13-2　镜头 2 拍摄的画面

3. 镜头3

镜头3是前推镜头。人物转圈舞动裙摆，镜头慢慢推近拍摄人物，画面如图13-3所示。

图 13-3　镜头 3 拍摄的画面

4. 镜头4

镜头4是侧面跟随镜头。人物在长廊上从左往右行走，镜头在人物的侧面跟随拍摄，画面如图13-4所示。

图 13-4　镜头 4 拍摄的画面

5. 镜头5

镜头5是横移推镜头。人物向背对镜头的石桥走去，镜头从人物的反侧面横移至人物的背面，然后微微向前推近拍摄人物，画面如图13-5所示。

图 13-5　镜头 5 拍摄的画面

13.2　后期剪辑和创作标题文案

　　《唯美汉服》口播视频的后期剪辑主要是对视频时长进行删减，对视频画面进行优化，添加字幕文本和背景音乐；其标题文案可以结合视频效果来撰写。本节将介绍《唯美汉服》口播视频的后期剪辑和标题文案创作方法。

13.2.1　调整视频时长

扫码看教学视频

　　《唯美汉服》口播视频在拍摄时，可以不受时长的限制，但在剪辑时尽量选取精华的部分，因此需要运用剪映App对其时长进行删减。

　　下面介绍具体的操作方法。

　　步骤01 打开剪映App，按照镜头顺序导入视频素材，如图13-6所示。

　　步骤02 点击"关闭原声"按钮，如图13-7所示，将视频原来的声音关闭。

　　步骤03 ❶拖曳时间轴至第2段视频素材的起始位置；❷选择第2段视频素材，如图13-8所示。

　　图 13-6　导入视频素材　　　图 13-7　点击"关闭原声"按钮　　图 13-8　选择第 2 段视频素材

　　步骤04 ❶拖曳时间轴至相应位置；❷点击"分割"按钮，如图13-9所示，将第2段视频素材分割成两部分。

步骤05 系统默认选择后半部分视频素材，点击"删除"按钮，如图13-10所示，将第2段视频素材的时长缩短。

图 13-9　点击"分割"按钮　　　　图 13-10　点击"删除"按钮

步骤06 采用同样的方法，适当地调整第4、5段视频素材的时长，效果如图13-11所示。

图 13-11　调整其他视频素材时长效果

13.2.2 稳定视频画面

当拍摄出来的视频画面比较晃动、不稳定时，可以运用剪映App中的"防抖"功能稳定其画面。下面将介绍具体的操作方法。

步骤01 选择需要稳定画面的视频素材，如图13-12所示。

步骤02 点击"防抖"按钮，如图13-13所示。

图 13-12　选择视频素材

图 13-13　点击"防抖"按钮

步骤03 将"防抖"设置为"裁切最少"，如图13-14所示。

步骤04 稍等片刻，即可看到显示"防抖处理已完成"字样，如图 13-15所示。点击✓按钮确认，即可完成防抖设置。

图 13-14　设置为"裁切最少"

图 13-15　显示相应的字样

13.2.3　添加字幕文本

使用剪映App的"文字"功能可以输入台词，为《唯美汉服》口播视频添加字幕。为《唯美汉服》口播视频添加字幕分为两大部分，具体的操作方法如下。

扫码看教学视频

步骤01 在视频的起始位置，点击一级工具栏中的"文字"按钮，如图13-16所示。

步骤02 进入二级工具栏，点击"新建文本"按钮，如图13-17所示。

步骤03 执行操作后，❶输入第1段台词文案；❷选择一种合适的字体，如图13-18所示。

步骤04 ❶切换至"样式"选项卡；❷选择一个文字样式，如图13-19所示。

图 13-16　点击"文字"按钮

图 13-17　点击"新建文本"按钮（1）

图 13-18　选择合适的字体（1）

图 13-19　选择一个文字样式（1）

步骤 05 在"文本"选项区中设置"字号"参数为12，如图13-20所示。

步骤 06 ①展开"排列"选项区；②选择一个样式，如图13-21所示。

图 13-20 设置"字号"参数　　　图 13-21 选择一个样式（1）

步骤 07 ①切换至"动画"选项卡；②选择"向右缓入"入场动画；③设置动画时长为3.0s，如图13-22所示。

步骤 08 点击 ✓ 按钮确认，即可生成第1个字幕文本。① 调整预览区域中字幕文本的位置；② 调整字幕文本的时长，使其对齐第1段视频素材时长，如图 13-23 所示。

图 13-22 设置动画时长　　　图 13-23 调整字幕文本的时长（1）

步骤09 点击"复制"按钮，如图13-24所示，复制一个字幕文本。

步骤10 将复制出来的字幕文本拖曳至第2段视频素材的下方，如图13-25所示。

图 13-24 点击"复制"按钮　　　　图 13-25 拖曳字幕文本

步骤11 ❶选择复制出来的字幕文本；❷点击"编辑"按钮，如图 13-26 所示。

步骤12 修改文字内容，如图13-27所示。

图 13-26 点击"编辑"按钮　　　　图 13-27 修改文字内容

步骤 13 点击 ✔ 按钮确认，即可生成第2个字幕文本，如图13-28所示。

步骤 14 调整第2个字幕文本的时长，让其对齐第2段视频素材的时长，如图13-29所示。

图 13-28　生成第 2 个字幕文本　　　　图 13-29　调整第 2 个字幕文本的时长

步骤 15 采用同样的方法，为其他视频素材添加相应的字幕文本，效果如图13-30所示。

图 13-30　添加其他字幕文本效果

步骤 16 返回上一级工具栏，❶拖曳时间轴至第2段视频素材的起始位置；❷点击"新建文本"按钮，如图13-31所示。

步骤 17 ❶ 输入第 1 个表现汉服优势的文案；❷ 选择一种合适的字体，如图 13-32 所示。

图 13-31　点击"新建文本"按钮（2）　　图 13-32　选择合适的字体（2）

步骤 18 ❶切换至"样式"选项卡；❷选择一个文字样式，如图13-33所示。

步骤 19 ❶展开"排列"选项区；❷选择一个样式，如图13-34所示。

图 13-33　选择一个文字样式（2）　　图 13-34　选择一个样式（2）

步骤20 点击✓按钮确认，即可生成新的字幕文本，如图13-35所示。

步骤21 ❶调整预览区域中字幕文本的位置；❷调整字幕文本的时长，使其对齐相应的视频素材，如图13-36所示。

图 13-35　生成新的字幕文本

图 13-36　调整字幕文本的时长（2）

步骤22 采用同样的方法，添加其他表现汉服优势的文案，并调整其位置，效果如图13-37所示。

图 13-37　添加其他新的字幕文本效果

13.2.4　设置文本朗读

运用剪映App的"文本朗读"功能为《唯美汉服》口播视频的字幕文本配音，可以选择为词句台词配音。具体的操作方法如下。

步骤01 ❶选择第1个词句的字幕文本；❷点击"文本朗读"按钮，如图13-38所示，为字幕文本配音。

步骤02 执行操作后，选择一个合适的"女声音色"进行朗读，如图13-39所示。

步骤03 点击✓按钮确认，稍等片刻，即可生成配音，如图13-40所示。

步骤04 用同样的方法为其他几个词句的字幕文本设置相同的文本朗读，效果如图13-41所示。

图 13-38　点击"文本
朗读"按钮

图 13-39　选择合适的
音色

图 13-40　生成配音

图 13-41　设置其他的文本朗读

13.2.5　添加背景音乐

使用剪映App的"音频"功能可以为《唯美汉服》口播视频添加音乐，具体的操作方法如下。

扫码看教学视频

步骤01 在视频的起始位置点击"音频"按钮，如图13-42所示。

步骤02 进入二级工具栏，点击"音乐"按钮，如图13-43所示。

步骤03 进入"添加音乐"界面，选择"国风"选项卡，如图13-44所示。

步骤04 ❶选择所需的音乐进行试听；❷点击"使用"按钮，如图13-45所示，即可添加背景音乐。

图 13-42　点击"音频"按钮　　图 13-43　点击"音乐"按钮

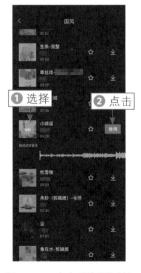

图 13-44　选择"国风"选项卡　　图 13-45　点击"使用"按钮

步骤 05 ❶选择音频素材；❷拖曳时间轴至相应位置，如图13-46所示。

步骤 06 点击"分割"按钮，如图13-47所示，分割音频素材。

图 13-46　拖曳时间轴　　　　　　图 13-47　点击"分割"按钮

步骤 07 ❶选择前半部分音频素材；❷点击"删除"按钮，如图13-48所示，删除多余的音乐前奏。

步骤 08 调整音频素材的起始位置与视频素材的起始位置对齐，如图13-49所示。

图 13-48　点击"删除"按钮　　　　图 13-49　调整音频素材的起始位置

步骤09 ❶选择音频素材；❷拖曳时间轴至视频素材的末尾位置；❸依次点击"分割"按钮和"删除"按钮，如图13-50所示，删除多余的音频。

步骤10 ❶选择剩下的音频素材；❷点击"音量"按钮，如图13-51所示。

步骤11 设置"音量"参数为34，如图13-52所示。

图 13-50　点击"删除"按钮　　图 13-51　点击"音量"按钮　　图 13-52　设置"音量"参数

步骤12 点击"淡化"按钮，如图13-53所示。

步骤13 设置"淡出时长"参数为3.5s，如图13-54所示。设置完成后即可导出视频。

图 13-53　点击"淡化"按钮　　图 13-54　设置"淡出时长"参数

13.2.6　后期剪辑效果

经过上述后期剪辑操作后，可以实现一个具有美感的《唯美汉服》口播视频效果，画面展示如图13-55所示。

扫码看成品效果

图 13-55　《唯美汉服》口播视频画面展示

13.2.7　创作标题文案

《唯美汉服》口播视频制作完成后，下一步就是将其发布到抖音、快手、西瓜视频等短视频平台上。在发布视频之前，需要创作发布视频的标题文案，可以结合视频效果，如将标题文案设置为"唯美汉服，高贵大气！"。

第14章

旅行打卡：《古街游玩》

　　旅游打卡类口播视频一般被用作宣传景区，其内容通过向受众展示景区好玩的、好看的地方，让受众产生想要去旅游的想法。本章以《古街游玩》视频为例，详细介绍旅游打卡类口播视频的制作要点。

14.1 创作脚本文案和拍摄素材

和其他口播视频一样，旅游打卡类口播视频的制作首先要撰写脚本，然后以脚本为指导来拍摄素材。这类视频通常需要确定好一个景区，然后运用运镜技巧拍摄景区中比较突出的风景或打卡点。本节将介绍创作《古街游玩》口播视频脚本文案和拍摄素材的方法。

14.1.1 创作脚本文案

《古街游玩》口播视频的脚本文案包含镜头脚本和台词文案，具体介绍如下。

1. 镜头脚本

《古街游玩》这个视频确定好的景区是湖南省长沙市洋湖水街，主要内容为拍摄景区的湖水、古建筑和古街道，以人物游玩的形式呈现画面。具体的镜头脚本如表14-1所示。

表14-1 《古街游玩》的镜头脚本

镜号	景别	镜头	画面	设备	备注
1	近景	环绕前推镜头	人物在楼台上看风景	手机和稳定器	
2	全景	左摇镜头	洋湖水街的湖面风光	手机和稳定器	
3	全景	侧面跟随镜头	人物走在古街道上	手机和稳定器	
4	全景	上升镜头	有特色的古建筑	手机和稳定器	
5	全景	环绕镜头	风吹动红灯笼	手机和稳定器	仰拍
6	中景	后拉镜头	人物在花丛边漫步	手机和稳定器	
7	全景	上升镜头	湖水与古建筑	手机和稳定器	
8	中景	固定跟摇镜头	人物自由走动	手机和稳定器	镜头的位置不变
9	全景	后拉镜头	人物和湖面风光	手机和稳定器	越过人物肩膀

在拍摄之前，可以事先了解一下景区的特色，选择合适的人物服装、道具等；还可以关注天气状况，一般来说，在室外拍摄最好选择晴天，且避开人流量较多的时间段，从而拍出较为精美的视频效果。

2. 台词文案

创作《古街游玩》这个视频的台词文案以分享美景为主，可以围绕推荐受众来游玩的目的，综合景区地点、建筑特色、人物的状态，以及人物游玩后的感受等方面来撰写台词文案。

例如，洋湖水街因其特色的古建筑和古街道而蕴含了江南风情，给人一种烟雨朦胧之感，那么在文案中可以融入"江南"这一特点。

在人物感受方面，可以结合拍摄出来的素材进行思考，如看到了古建筑、平静的湖水、繁花等，给人以古色古香之感，在撰写文案时，可以融入一些动词写成句子，"感受古香建筑的气息""发现别有洞天"等。在结尾处，还可以用问答的形式，询问受众要不要来感受一番，向受众发出邀请，从而更容易达到宣传景区的目的。

由此，在理清思路和斟酌用字后便可以一个得出具有连贯性的台词文案，详细内容如下。

我在洋湖水街发现了真江南。

漫步在石街道上。

感受古香建筑的气息。

聆听风的声音。

享受着繁花簇拥。

会发现别有洞天。

看，微风在向你招手。

你什么时候来见见这江南呢？

需要注意的是，《古街游玩》视频的台词文案可以结合后期剪辑出的视频画面进行修改，但文案内容要尽量与画面一一对应，以呈现出更好的视频效果。

14.1.2　拍摄素材

在拍摄《古街游玩》的视频素材时，主要以镜头脚本为依据进行拍摄，共有9组镜头，分别介绍如下。

1. 镜头1

镜头1是环绕前推镜头。拍摄这组镜头时，人物背对在楼台上看风景；镜头环绕拍摄人物，然后向前推近拍摄风景，画面如图14-1所示。

图 14-1　镜头 1 拍摄的画面

2. 镜头2

镜头2是左摇镜头。镜头拍摄洋湖水街的风景，画面以建筑、湖水、街道和水中倒影为主，如图14-2所示，呈现出十分绚丽的效果。

图 14-2　镜头 2 拍摄的画面

3. 镜头3

镜头3是侧面跟随镜头。人物在洋湖水街的石道上漫步；镜头在人物侧面进行拍摄，画面如图14-3所示，恰好展现出人物婀娜多姿的一面。

图 14-3　镜头 3 拍摄的画面

4. 镜头4

镜头4是上升镜头。镜头从下往上慢慢上升拍摄有特色的建筑，画面如图14-4所示。如果建筑里面人流量较大，可以仰拍建筑中最有特色的地方，作为重点突出的视频画面。

图 14-4 镜头 4 拍摄的画面

5. 镜头5

镜头5是环绕镜头。镜头从右往左环绕仰拍挂在楼角上的红灯笼，画面如图14-5所示，当风吹起时，恰好红灯笼在摇动，让画面更为灵活。

图 14-5 镜头 5 拍摄的画面

6. 镜头6

镜头6是后拉镜头。人物正对镜头向前行走；镜头拍摄人物并往后拉，画面如图14-6所示。

图 14-6 镜头 6 拍摄的画面

7. 镜头7

镜头7是上升镜头。镜头先拍摄湖水，然后慢慢上升拍摄建筑，画面如图14-7所示。

图 14-7 镜头 7 拍摄的画面

8. 镜头8

镜头8是固定跟摇镜头。人物在古街道上自由行走；镜头保持位置不变地跟随并摇摄人物，画面如图14-8所示。

图 14-8 镜头 8 拍摄的画面

9. 镜头9

镜头9是后拉镜头。人物站在楼台上看风景；镜头先拍摄风景，然后往后拉越过肩膀拍摄人物，画面如图14-9所示。

图 14-9 镜头 9 拍摄的画面

14.2　后期剪辑和创作标题文案

将前面拍摄的素材导入剪映App中进行后期剪辑，剪辑出一个成品视频后再创作标题文案进行发布，这是制作《古街游玩》口播视频的后期工作，本节将详细介绍其后期工作。

14.2.1　调整视频时长

《古街游玩》口播视频在拍摄时，可以不受时长的限制，但在剪辑时尽量选取精华的部分，因此需要运用剪映App对其时长进行删减。

扫码看教学视频

下面介绍具体的操作方法。

步骤01 打开剪映App，按照镜头顺序导入9段视频素材，如图14-10所示。

步骤02 点击"关闭原声"按钮，如图14-11所示，将视频原来的声音关闭。

步骤03 ❶选择第1段视频素材；❷拉动其右侧的白色拉杆，调整视频时长为2.0s，如图14-12所示。

图 14-10　导入视频素材　　图 14-11　点击"关闭原声"按钮　　图 14-12　调整视频时长

步骤04 采用同样的方法，调整第2、4、5段视频素材的时长分别为5.4s、4.0s、5.0s，部分效果如图14-13所示。

图 14-13　调整其他视频时长的部分效果

步骤 05 采用同样的方法，调整第6、8段视频素材的时长分别为3.2s、7.5s，效果如图14-14所示。

图 14-14　调整其他视频时长的效果

扫码看教学视频

14.2.2　添加字幕文本

使用剪映App的"文字"功能可以输入台词，为《古街游玩》口播视频添加字幕，具体的操作方法如下。

步骤01 在视频的起始位置，点击一级工具栏中的"文字"按钮，如图14-15所示。

步骤02 进入二级工具栏，点击"新建文本"按钮，如图14-16所示。

步骤03 执行操作后，❶输入第1段台词文案；❷选择"字体"选项卡；❸选择一种合适的字体，如图14-17所示。

图 14-15　点击"文字"按钮　　图 14-16　点击"新建文本"按钮　　图 14-17　选择合适的字体

步骤04 切换至"样式"选项卡，如图14-18所示。

步骤05 进入"样式"选项卡，在"文本"选项区中设置"字号"参数为8，如图14-19所示。

步骤06 在预览区域中，调整字幕文本的位置，如图14-20所示。

步骤07 ❶切换至"花字"选项卡；❷选择一个"花字"，如图14-21所示。

步骤08 点击✓按钮确认，即可生成第1个字幕文本，如图14-22所示。

步骤09 调整第1个字幕文本的时长，使其对齐第1段视频素材的时长，如图14-23所示。

图 14-18　切换至"样式"选项卡　图 14-19　设置"字号"参数　图 14-20　调整字幕文本的位置

图 14-21　选择一个"花字"　图 14-22　生成第 1 个字幕文本　图 14-23　调整文本的时长

步骤 10 点击"复制"按钮，如图14-24所示。

步骤 11 将复制出来的字幕文本拖曳至第2段视频素材的下方，如图14-25所示。

步骤 12 ❶ 选择复制出来的字幕文本；❷ 点击"编辑"按钮，如图14-26所示。

图 14-24　点击"复制"按钮　　　图 14-25　拖曳字幕文本　　　图 14-26　点击"编辑"按钮

步骤13 修改文字内容,如图14-27所示。

步骤14 点击 ✓ 按钮确认,如图14-28所示,即可生成第2个字幕文本。

图 14-27　修改文字内容　　　　　图 14-28　点击相应按钮

步骤15 采用同样的方法,在其他的视频素材下方添加相应的字幕文本,部分效果如图14-29所示。

图 14-29　添加其他字幕文本的部分效果

14.2.3　设置文本朗读

在剪映App中，可以选择"文本朗读"功能为《古街游玩》口播视频的字幕文本配音，具体的操作方法如下。

步骤01 ❶拖曳时间轴至视频素材的起始位置；❷选择第1个字幕文本；❸点击"文本朗读"按钮，如图14-30所示。

扫码看教学视频

步骤02 执行操作后，❶切换至"女声音色"选项区；❷选择"亲切女声"选项，如图14-31所示。

图 14-30　点击"文本朗读"按钮　　　图 14-31　选择"亲切女声"选项

步骤03 选择"应用到全部文本"复选框，如图14-32所示。

步骤04 点击✓按钮确认，稍等片刻，即可生成配音，如图14-33所示。

图 14-32　选择"应用到全部文本"复选框　　　　图 14-33　生成配音

步骤05 返回一级工具栏，点击▶按钮，如图14-34所示，可以预览视频画面并试听配音效果。

步骤06 若想要结合配音修改字幕文本的时长，可以点击"文字"按钮，如图14-35所示，调出所有的字幕文本，选择对应的文本进行修改即可。

图 14-34　点击▶按钮　　　　　　　　　　图 14-35　点击"文字"按钮

14.2.4 添加背景音乐

使用剪映App的"音频"功能可以为《古街游玩》口播视频添加音乐，具体的操作方法如下。

扫码看教学视频

步骤01 在视频的起始位置点击"音频"按钮，如图14-36所示。

步骤02 进入二级工具栏，点击"音乐"按钮，如图14-37所示。

步骤03 进入"添加音乐"界面，❶切换至"收藏"选项区；❷点击所选音乐右侧的"使用"按钮，如图14-38所示，即可添加背景音乐。

步骤04 ❶选择音频素材；❷拖曳时间轴至视频素材的末尾位置；❸点击"分割"按钮，如图14-39所示。

图 14-36 点击"音频"按钮

图 14-37 点击"音乐"按钮

图 14-38 点击"使用"按钮

图 14-39 点击"分割"按钮

步骤05 点击"删除"按钮，如图14-40所示，将多余的背景音乐删除。

步骤06 ❶选择剩下的音频素材；❷点击"淡化"按钮，如图14-41所示。

图 14-40 点击"删除"按钮

图 14-41 点击"淡化"按钮

步骤07 拖曳"淡出时长"的白色圆环滑块，设置"淡出时长"参数为2s，如图14-42所示。

步骤08 点击☑按钮确认，即可降低音频素材末尾的音波，如图14-43所示，让音乐随着视频画面的结束而结束。

图 14-42 设置"淡出时长"参数

图 14-43 降低音频素材末尾的音波

14.2.5　后期剪辑效果

　　经过上述后期剪辑操作后，可以实现一个具有美感的《古街游玩》口播视频效果，画面展示如图14-44所示。

图 14-44　《古街游玩》口播视频画面展示

14.2.6　创作标题文案

　　《古街游玩》口播视频制作完成后，需要创作发布视频的标题文案，可以结合视频效果，从台词文案中选择其一作为标题文案，如将标题文案设置为"我在洋湖水街发现了真江南"。